Anita Lehmann

Späte Liebe

Ein anderes Reisetagebuch
Teil 4

Ich bedanke mich erneut bei
Frank Ralf,
für die Zeit, die er in das Erscheinen
dieses Buches investierte,
für die vielfältigste Unterstützung
und vor allem für die Geduld.

Bibliografische Information der Deutschen Nationalbibliothek:
Die Deutsche Nationalbibliothek verzeichnet diese Publikation in der
Deutschen Nationalbibliografie; detaillierte bibliografische
Daten sind im Internet über http://dnb.dnb.de abrufbar.

1. Auflage Oktober 2019

Herstellung und Verlag:
BoD – Books on Demand, Norderstedt

ISBN: 978-3-7504-1028-2

Inhalt:

I. VIEL BEREISTE GARDASEE REGION

1.GARDA und SIRMIONE ... zum wievielten Mal?

Aus dem Etschtal kommend, fahren wir mit dem Reisebus durch die Weinberge von BARDOLINO.

Es ist Anfang Oktober, die Landschaft färbt sich täglich mehr und gibt den Herbstfarben Raum.

Am Tag zuvor waren wir schon einmal in dieser Gegend - zur Weinverkostung. Auch heute machen wir uns wieder gegenseitig aufmerksam auf Weingüter inmitten von Feldern, auf Weinpressen, Weinfässer, malerische, alte Olivenbäume, Zypressen ... Nach der jeweils nächsten Kurve oder Kehre bot sich uns ein ähnliches Bild, ebenfalls Weingüter, Olivenhaine ...

Immer deutlicher wurden die Konturen der Rocca, ein steiler Felsen, der den Beginn der Bucht von Garda markiert. Die Rocca ist nach Süden ein steiler, alles überragender Felsen, nach Norden etwas flacher abfallend und bewaldet.

Ich erinnere mich an den Ausspruch eines italienischen Literaten oder Philosophen, der sinngemäß etwa folgendes gesagt haben soll: Der Gardasee ist der schönste Ort Italiens, die Bucht von Garda ist der schönste Fleck des Gardasees und die Halbinsel San Vigilio ist wiederum das Schönste von der Bucht von Garda.

Folglich schaue ich jetzt auf den beeindruckendsten Teil Italiens.

Zielstrebig lief ich in Garda nach dem Aussteigen los.

Ich hatte noch niemals den gesamten Hafen von einem Ende zum anderen durchlaufen. Eis schleckend, fotografierend und die Sonnenstrahlen genießend, gelangte ich in kurzer Zeit in das Zentrum des kleinen Ortes und nahm auf einer der vielen Bänke Platz.

Die Vegetation war vielfältig. Ich saß unter alten Platanen, daneben standen ebenso ehrwürdige Mittelmeer-Pinien, hinter mir, in den kleinen Gärten der Einwohner, gab es Orangen- und Zitronenbäume, Yucca, Lorbeerbüsche, Oleander … eben alles, was zu einem Gefühl führt, als sei man am Mittelmeer.

Am anderen Ende des Platzes entdecke ich ein Haus, nicht sehr groß, dessen Wände in zwei Stockwerken nur aus Bögen und Säulen zu bestehen schienen. Ein frei stehender Treppenaufgang komplettierte den Eindruck der Leichtigkeit. „Villa Carlotti" lese ich, ein Renaissancebau.
Durch antike Häuser, alte Gewölbe, schmale Gassen führt mein eigentlich kurzer Weg zum Stadtturm.
Schwalbenschwanzzinnen krönen einen zum großen Teil aus Feldsteinen erbauten Turm, dessen Verputz fast überall fehlt. Turmuhr, Rundbogenfenster und ein ebenso

geformter Durchgang verweisen auf die dicken Mauern des Stadt-Turmes, der zwischen kleinen, alten Häusern eingezwängt ist.

Zwischen den Straßenseiten sind blau-weiße Fahnen oder an anderer Stelle rötliche Fischernetze zu sehen. Das sind die Hinweise auf einen Wettstreit Mitte August, ein Ruder-rennen zwischen den verschiedenen Ortsteilen, „Palio delle Contrade". Leider konnte ich nicht mehr darüber in Erfahrung bringen.

Von fern höre ich Musik und folge den Klängen zur Piazza Carlotti. Hier ist der offizielle Tango-Treffpunkt. An den

beiden Seiten des Platzes stehen Stühle, auf denen die tanzwilligen Damen und Herren sitzen. Nicht nach Geschlechtern getrennt, wie es zu der Zeit war, als ich die Tanzschule besuchte. Aber ein bisschen erinnert es mich schon daran. Hier sind jedoch alle in reifem Alter. Die Damen tragen festliche Kleidung, nicht zu hohe Absatzschuhe und ziemlich starkes Makeup, die Herren Alltagskleidung, aber besondere Tanzschuhe. Kopf an Kopf, Stirn an Stirn nehmen sie den Rhythmus auf. Die Paare tanzen nicht einfach nur Schrittfolgen, sondern heben und senken Beine und Füße, kreuzen sie mit denen des Partners, gehen in die Knie und bewegen sich immer ganz eng am Körper des jeweils anderen. Scheinbar müssen sich alle konzentrieren oder aber es ist nicht üblich, beim Tango zu lachen und zu scherzen, denn alle Tanzenden bleiben ernst. Nur ich lächelte bei der Betrachtung des Tango-Spektakels.
Am Abend stellten wir fest, dass nicht nur ich von den Rhythmen des Tangos gefesselt worden war.

Meist wird von den Veranstaltern der Ausflug nach Garda mit dem südlichsten Zipfel des Sees verbunden, mit dem Ort SIRMIONE. Genauer gesagt, wir durchfahren den langgestreckten Ort und interessieren uns ausschließlich für das historische Zentrum der Halbinsel.
Jeder, der den Ort betreten möchte, kann nur über die Zugbrücke ins Innere der Skaligerburg und den Ort. Auf diesem mit Blumen geschmückten Übergang ist immer ein starkes Begängnis. Besonders dann, wenn zusätzlich noch Autos, wenn auch im Schritttempo, das Tor in die Stadt passieren wollen.
Auch Sirmione hat sich aus einem Fischerort zu einem Touristenort entwickelt. Durch den Ort bummeln täglich Massen von Touristen. Über eine einzige durchführende

Verbindung erreicht man, etwas abseits vom Trubel, die Nordspitze der Insel.

Rechts und links von dieser „Hauptstraße" führen schmale, verwinkelte und mit Blumen geschmückte Gassen irgendwann ans Wasser. Cafés, Eisdielen, verschiedenste Läden und Boutiquen verführen zum Stehenbleiben und Schauen, mitunter auch zum Kaufen.

Am beliebtesten sind bei unseren Gästen die Fahrten mit kleinen Ausflugsbooten um die Insel:

© 2019 Anita Lehmann

Wir fahren vom Busparkplatz zur Burg, dann durch die Zugbrücke und um den ganzen historischen Teil der Halbinsel, vorbei an den Ruinen der römischen Villa, die „Grotten des Catull" genannt werden.

Der römische Poet Catull, der in Verona lebte, hat diese mehrstöckige Villenanlage nicht errichten lassen. Wahrscheinlich hat er auch nur einen Vorgängerbau der Villa kennengelernt, aber er schrieb über die beeindruckende

Schönheit dieses Landstrichs in seinen Poemen. Der eigentliche Erbauer ist nicht namentlich genannt.

Fasziniert war ich, als die Fahrer der Boote uns die Stellen im See zeigten, wo die heißen Thermalquellen (69 Grad) auf dem Grund des Sees entspringen. Auf der Wasserfläche perlten die Bläschen, und wir erfuhren, dass schon zur Römerzeit eine Wasserleitung vom Seegrund zu den Bädern im Ort führte.

Während meines Besuchs nutzte ich die freie Zeit, um auf einen der drei kleinen Hügel zu steigen, auf denen das historische Sirmione gebaut wurde. Gleich hinter der Wasserburg führt ein schmaler Weg leicht bergan zu einem mit Olivenbäumen bepflanzten kleinen Freizeitpark. Von hier ist der Blick über den See zum Monte Baldo-Massiv ebenso beeindruckend wie der über die Dächer der unter mir liegenden Stadt.

© 2019 Anita Lehmann

12

2. Auf dem Monte Baldo

Meine Aufenthalte auf dem Monte Baldo waren bisher immer von besonderen Erlebnissen geprägt.

Anfänglich waren es Zwischenübernachtungen in POLSA, einem winzigen Ort im Norden des 80 Kilometer langen und 10 Kilometer breiten Kalkmassivs. Aus dem Etsch-Tal kommend, fuhren wir mit dem Bus hinauf, länger als eine halbe Stunde. Die Gäste „moserten" wegen der vielen Kurven und Kehren. Je höher wir kamen, desto ruhiger wurde es im Bus, denn der Blick, der sich von hier oben bot, war unbeschreiblich schön.

Ich freue mich, wenn in meinem Fahrauftrag eine Übernachtung in den Bergen vorgesehen ist. Mehrfach weilte ich mit meinen Reisegruppen in SAN ZENO DI MONTAGNA, aber jeweils nur zu einer Übernachtung. Ich wusste dann, dass ich oberhalb von Torri del Benaco war, sozusagen auf dem Balkon des Berges.

Die Auffahrt ist nicht nur reich an Kurven und Kehren, sie dauert auch ziemlich lange.

In meinem ersten Buch habe ich beschrieben, wie unser Bus in einer der mehr als 20 Kurven und Kehren schlapp machte, einfach stehen blieb und ein Ersatzbus aus Deutschland gebracht werden musste.

Während meines Sommeraufenthaltes in Torri del Benaco, direkt am See, hatte ich mir tagtäglich vorgenommen, am Abend hinauf zu steigen. Ich verschob es von einem Tag auf den anderen. Mittlerweile weiß ich, dass die Fahrstraße mehr als sieben Kilometer steil bergan führt. Selbst wenn ich es doch getan hätte, so wären um diese Uhrzeit all die Highlights des Ortes nicht mehr zu erleben gewesen, kein Horse-riding, kein Trekking, kein Tarzaning, kein Tandemspringen…

Jetzt, am Ende der Saison, wohne ich erstmals in den Bergen, schlafe vier Nächte in 583 Meter Höhe.

Auf dem Weg von Costermano hinauf verändert sich nicht nur die Landschaft. Aus den Wein- und Olivenplantagen werden halbhohe Büsche und Mischwald.

Aber der Reisende beachtet das alles überhaupt nicht. Sein Blick geht hinunter zum See; nach jeder Kehre verändert sich der zu sehende Ausschnitt. Mal sieht man nordwärts den schmaler, fjordartig werdenden Streifen, mal südlich das breiter werdende Becken und auf der gegenüberliegenden Seite immer die Bergkette, die die Reiseleiterin Rocchetta nannte und die eine Höhe von 1 900 Meter erreicht. Der Ort SAN ZENO, der auf einer Terrasse liegt, ist nicht groß und seine Straßen sicherlich gebaut, als noch keine Busse zu den Hotels kamen..

© 2019 Anita Lehmann

Unser Fahrer konnte die Übernachtung nicht auf direktem Weg anfahren, der Zugang war mit dem Bus nur aus der entgegengesetzten Richtung möglich. Es war also bei jeder Fahrt vom beziehungsweise zum Hotel eine „Rundfahrt" durch den Ort notwendig.

Und dennoch hatten wir einige Stellen zu passieren, wo am Balkon im ersten Stock und an einem Torbogen schon Ecken abgefahren worden waren oder aber auf der anderen Straßenseite mehr als nur die Farbe der Hausmauer abgekratzt war. Ganz, ganz langsam schlichen wir durch diese Straßenverengungen und waren jedes Mal erleichtert, wenn die Durchfahrt ohne Folgen blieb.

Erleichtert war in jedem Fall auch der Fahrer unseres Busses, der sich für die Durchfahrt durch diese Straßenverengungen absolute Ruhe ausgebeten hatte. Den Beifall der Gäste danach hatte er verdient.

Unser Hotel auf dem Berg wird mir in liebevoller Erinnerung bleiben. Die Besitzer hatten bei unserer Ankunft geheizt. Oftmals hatten wir abends in italienischen Hotels schon die Kälte des Herbstes spüren müssen.

Verständigungsschwierigkeiten gab es nicht, wenn man will, kann das meiste mit Gesten gesagt werden. Als ich, wie gewöhnlich, die Kurtaxe für den Aufenthalt bezahlte, erhielt ich eine Quittung für „Kurt Taxe". Aber was soll's. Ich kenne dafür das Wort nicht in italienischer Sprache.

Wir fühlten uns wohl. Und nur ein Gast beschwerte sich täglich darüber, dass es kein Schwarzbrot gab. Aber es gab die Möglichkeit, welches zu kaufen. Und ich ärgerte mich über mich selbst, dass ich es nicht für ihn getan habe.

„Nach den Touristen kommt die Olivenernte." So formulierte es unser örtlicher Guide. Sie, die Olivenernte, löst sozusagen im Herbst die „Arbeit" mit den Touristen ab.

Wir waren die letzten Touristen, die letzten Arbeitgeber, in diesem Jahr.

Auf dem südlichen Bergrücken des Monte Baldo hatte ich bis zum gegenwärtigen Zeitpunkt noch niemals ein Hotel zugewiesen bekommen. Der Ort der Übernachtung hieß SPIAZZI.

Als ich den Standpunkt des Hotels auf der Karte suchte, entdeckte ich, dass er der Ausgangspunkt für eine der bekanntesten Wallfahrtsstätten der Region ist, Madonna della Carona, die „Kronenmadonna". In der Gardasee-Zeitung vom September 2018 wird der Besuch der Wallfahrtsstätte als „Pflicht-Etappe und lohnendes Ziel" bezeichnet. Das war, wie wir sagen, der Wink mit dem Zaunpfahl.

Unmittelbar nach der Ankunft im Hotel reihe ich mich in die Zahl der Pilger ein, die jährlich die Einsiedelei besuchen. 270 000 sollen es sein.

Ein Hinweisschild an der Straße vor dem Hotel verweist darauf, dass der Weg hinab nur 10 Minuten dauern würde. Diese Zeitvorgabe überschritt ich nur geringfügig. Der Weg führte zunächst über einen Wanderweg, dann entlang einer Fahrstraße und zum Schluss über eine Steintreppe und durch einen in den Felsen gehauenen Tunnel, den die Gläubigen schon vor Jahrhunderten nutzten.

Aus dem Etschtal, von der Autobahn aus, hatten wir vor wenigen Stunden schon zur Wallfahrtsstätte hinauf geschaut. Zunächst hatten wir den Eindruck, die Kirche versteckt sich zwischen den einzelnen Felsen einer 500 Meter langen Felswand. Und als wir sie dann endlich entdeckt hatten, die Sonne schien gerade noch in diese Felsenenge, sah es aus, als schwebe sie sozusagen zwischen Himmel und Erde. Nach oben ging es steil hinauf und nach unten steil hinunter. Ungefähr in der Mitte der steilen Felswand, in 774 Meter Höhe, schien sie am Berg zu hängen bzw. zu kleben.

Und nun stand ich hier direkt vor der Freitreppe. Ich kam ja sozusagen aus dem Fels, den ich zu meiner Linken hatte. Rechts blickte ich tief hinunter ins Etschtal und auf den Verlauf der Autobahn.

Die Geschichte des Klosters geht bis ins 13. Jahrhundert zurück. Damals waren die Wege hierher noch unzugänglich und gefährlich. Zugangsstraßen und eine neue Kirche entstanden im 17. Jahrhundert. Im Verlauf der Jahre gab es Erneuerungen und Erweiterungen der Wallfahrtsstätte. Die Kirche mit ihrem schlanken Turm wurde erst 1978 eingeweiht. Hier stehend empfand ich auch das Ziel des Ganzen: Ruhe und innere Einkehr.

Aber ich stand allein hier. Wirklich ganz allein.

Auch im Inneren des Santuario war ich allein. Vorbei an 15 holzgeschnitzten Türen, hinter denen sich die Beichtstühle befanden, um diese Zeit, vor dem Abend, alle ungenutzt, lief ich zur legendären Treppe mit den 28 Stufen, die dem Haus des Pontius Pilatus in Jerusalem nachgebaut worden war. Kein Pilger, kein Besucher, der die Stufen der Treppe auf Knien zurücklegt!

Neugierig schlenderte ich weiter durch das Gebäude, entdeckte sogar den „Gemüsegarten" der Eremiten, aber ich versuchte nicht, das Refugium der Männer zu betreten.

Erst auf dem Titelbild des Prospektes sah ich, dass da am Hang nicht nur die Kirche klebte, sondern mehrere Wohntürme, ein kleiner Häuserkomplex, dessen Bestimmung ich nicht nachträglich herausfinden konnte.

Es waren beeindruckende Momente, die ich erleben durfte.

Schade, von einem Bus mit 48 Gästen waren nur fünf neugierig genug, diesen kleinen Ausflug zu wagen.

3. Von Torri del Benaco nach Riva, Limone und Malcesine

2018 übernahm ich erstmals eine Fahrt zum Gardasee im Winter.

Eigentlich erklärte ich meine Bereitschaft nur, weil eine Kollegin ausgefallen war.

Der erste Tag, die Anreise, erfolgte wie bei jeder anderen Fahrt. Kein Schnee, kein Glatteis, dafür aber gleich mehrere Staus. Trotzdem kamen wir gut voran.

Als wir vom Brenner hinunter nach Sterzing fuhren, fiel mir wieder die Geschichte mit dem „Angurten" ein: Jeder von uns weiß, dass sich alle Insassen des Busses, einschließlich Fahrer, anzugurten haben. Bei einer unserer Fahrten im Sommer diesen Jahres wurden wir von italienischer Polizei angehalten.

Der Fahrer hatte den Gurt nicht umgelegt. Nun sollte er Strafe zahlen. „120 Euro", lautete die Forderung. Der Fahrer, der ausgestiegen war, kam in den Bus zurück, um seine Geldbörse zu holen.

„Ohne Quittung nur die Hälfte", bedeutete ihm der Uniformierte. Da die Fahrer ohnehin alle Strafzettel selbst zahlen müssen, ging der Fahrer selbstverständlich auf den Deal ein. Und die italienischen Polizisten hatten ein fürstliches Trinkgeld, ohne selbst etwas getan zu haben.

Diesmal gab es keinerlei Verzögerungen. Nach 12 Stunden Fahrzeit waren wir im Hotel in TORRI DEL BENACO.

Als Reiseleiter glaubt man, alles schon einmal erlebt zu haben, was beim Einchecken ins Hotelzimmer zu kritisieren ist. Diesmal fehlten Kleiderbügel, Nähzeug, ein Schuhlöffel …, dafür gaben tote Käfer und ein Zimmer auf der Rückseite des Hotels Anlass zur Kritik.

Erstmals am Gardasee ein Tag ohne Programm! Ein Freizeit-Tag auch für mich!

Unser Hotel befindet sich unterhalb des Monte Baldo, zwischen Malcesine und dem Ort Torri del Benaco. Was lag näher, als zur Stadt zu laufen, zu der unser Hotel territorial gehörte, also nach Torri del Benaco.

Vorbeigefahren bzw. durchgefahren war ich schon mehrfach. Kommt man mit dem Bus von Süden, dann präsentiert sich die Skaligerburg majestätisch am Ufer. Das Herrschergeschlecht der Skaliger errichtete während seiner Zeit vier Wohnburgen am Gardasee. Die von Malcesine und Sirmione kenne ich schon, und heute würde ich mir, zumindest von außen, die Burg von Torri del Benaco ansehen.

Die Schwalbenschwanzzinnen und das Gemäuer des Turmes wurden aus Feldsteinen gebaut. Nur an den Spitzen der Zinnen schimmert es ziegelrot. Das Schloss, auf den Grundmauern einer römischen Burg errichtet, wurde am Ende der Herrschaftszeit der Skaliger ausgebaut. Vor allem die Seeseite wurde verstärkt, um vor möglichen Eroberern geschützt zu sein. Das aber änderte nichts am Untergang des Herrschergeschlechts und nichts daran, dass die Republik Venedig 1405 die Garda-Bucht eroberte.

In der Burg erweckt das „Limonaia", die Limonen-Anlage bzw. das Limonen-Gewächshaus aus dem 18. Jahrhundert, mein besonderes Interesse.

Seit 1760, seit mehr als 250 Jahren, werden hier die köstlichsten Limonen angebaut. Ich erfahre, dass sich hier mehr als 20 Limonen-Bäume befinden, die bis zu dreimal im Jahr blühen. Einige dieser Pflanzen sind bis zu hundert Jahre alt. Sie wachsen bis zu neun Meter in die Höhe und werden von Kastanienpfählen und Säulen gestützt. Das Gewächshaus wird jedes Jahr im November geschlossen.

Das Öffnen und Schließen ist eine besonders heikle und auch teure Angelegenheit.

Der sich daneben befindende Hafen ist idyllisch. Äußerlich, von oben betrachtet, hat er die Form eines Ohres. Boot an Boot, eben eng nebeneinander, sind die unterschiedlichsten Schiffe verankert. Nur die schmale Zufahrt zum See wird respektiert.

Eine Gruppe von Laien-Malern hat sich hier niedergelassen, um das beeindruckende Szenario festzuhalten. Vertreter dieser Gruppe der Urlauber treffe ich wiederholt in der Stadt und bitte jedes Mal, ihre Arbeit ansehen zu dürfen. Wenn ich dann ihrem geschulten Blick folge, stelle ich fest, dass sie für diesen Ort sicherlich typische Szenen festhalten: das Panorama des Hafens, ein altes Stadthaus, einen steinernen Torbogen in der Altstadt, einen Schlossturm … Benaco hat eine ganz besondere Atmosphäre. Man schlendert hier. Der Ort erwacht erst am späten Vormittag, dann kommen die Touristen, aber bei weitem nicht so viele, wie in den Nachbargemeinden Garda und Malcesine. Immer wieder treffe ich auch auf die Gäste meines Busses; die Zahl der Besucher ist überschaubar. Ich finde es angenehm, dass ich sogar auf den Bänken am See jederzeit einen Platz finde.

Für den Weg zurück zum Hotel nehme ich mir Zeit. Immer wieder bleibe ich stehen und schaue hinauf zum Berg. Der Hang ist steil, trotzdem haben viele Bewohner oben am Monte ihre Villen. Ich schätze, dass es mindestens sieben bis acht „Etagen" oder „Ebenen" sind; je höher sie am Berg gebaut wurden, desto pompöser scheinen sie mir. Zu ihnen hat man keinen Zugang, sie schotten sich ab.

Ich weiß, direkt über unserem Hotel befindet sich der Ort San Zeno. Mit dem Bus ist er von hier nicht zu erreichen. Wir mussten, wie ich bereits erzählte, die Straße von Affi aus hinauffahren, als wir in diesem Ort übernachteten. Oben angekommen, standen wir dann wirklich auf dem Dach oder der Terrasse über dem See.

Von der Ostufer-Seite schaue ich hinüber zum anderen Ufer und betrachtete das Geschehen im unmittelbaren Uferbereich: ein Schwan zog ganz allein seine Bahn, ein großer Hund badete in den Wellen und kühlte sicherlich Bauch und Schwanz, Sonnenhungrige lagen auf den Stegen, die ins Wasser führten, allein oder auch in malerischer Anordnung von Liegestühlen und bloßer Nutzung der Holzplanken.

Ein Urlauber sorgte für ein besonderes Stillleben: ein verlassener Liegestuhl, daneben ein auf Steinen platziertes einzelnes rotes Bikini-Oberteil und sicherlich eine ebenfalls gefundene auffällig blaue Sonnenbrille. Ich hatte meine Freude daran.

Noch am ersten Abend unserer Winterausflüge stieg ich mit meinem Reisepartner auf den Berg, natürlich nur ein Stück. Es wurde allmählich dunkel und die Sonne begann, am Horizont zu versinken. Wir beide waren fasziniert, wie der Feuerball die Farben des Himmels, der Wolken und des Wassers stetig veränderte. Das Farbenspiel von dunkel- und hellrot, blau und violett, orange und hellgelb beeindruckte, zumal wir von oben nur durch die Zweige der Olivenbäume das Schauspiel beobachten konnten.

Als jedoch am Horizont der Sonnenball verschwunden war, wurde es auf dem Berg schlagartig dunkel, keine Wander- bzw. Spazierzeit mehr.

An einem sonnigen Tag brachte uns der Bus entlang des Ost-Ufers nach Norden, nach RIVA. Diese Stadt, so scheint mir, ist anders als die anderen kleinen Städte am See. Sie liegt in einer weit geschwungenen Bucht mit einer langen Promenade und wird von zwei Seiten geschützt, der

Rocchetta an der West-Uferseite, einem Gebirgsmassiv, und dem viel niedrigeren Monte Brione, der wie eine Schanze aus dem See hinaufsteigt in eine Höhe von bald 400 Meter. Die Stadt ist mondäner, die Häuser und Cafes größer, die Plätze großflächiger, viel mehr Läden… eben alles eine Nummer größer.

Wie fast immer stehen wir auch heute unter Zeitdruck. Erst auf den Fotos wird mir die malerische Felsen-Kulisse, die wunderschöne Lage am See, deutlich.

Ich bringe die Gäste zur Rocca di Riva, zur Stadt-Burg, die einst eine Burg der Skaliger war und im 19. Jahrhundert umgebaut wurde. Nach der Freizeit werden wir von hier mit dem Schiff an die Westseite des Sees fahren, nach Limone.

Wir schlendern nicht, sondern wir laufen zielstrebig zur Hafenpromenade, um wenigstens ein oder zwei der Neujahrs-Springer zu sehen, die unter großer Anteilnahme der Zuschauer in das winterliche, kalte Nass springen. Eine Runde um den wohl bedeutendsten Platz der Stadt mit dem Apponale-Turm (oder auch Uhrturm), der schon aus dem Anfang des 13. Jahrhunderts stammt, schließt sich an. Dabei stellen wir fest, dass er ein bisschen schief ist. Ob es das Alter ist oder eine ehrwürdige Verneigung vor den Wundern des Sees und der ihn umgebenden Felsen, das können wir nicht in Erfahrung bringen.

Kurze Zeit verweilen wir auf der Piazza delle Erbe (Kräutermarkt), weil uns der Brunnen auf der Mitte des Platzes ansprach. Bei genauerem Hinsehen entdeckten wir, dass viele Touristen Kleingeld in den Brunnen geworfen hatten. Ich kenne das als liebevollen Brauch, zu bekunden, dass man irgendwann wieder hierher zurückkehrt. Also? Portemonnaie auf und Geld in den Brunnen werfen!

Pünktlich zur Abfahrt waren alle am kleinen Hafen. Das Tragflächenboot brachte uns in kurzer Zeit nach Limone.

Der Bootsverkehr spielt noch immer eine große Rolle, obwohl seit Mitte des 20. Jahrhunderts die Westuferstraße den Ort mit Riva im Norden und Salo im Süden verbindet.

© 2019 Anita Lehmann

LIMONE ist ein altes, ehemaliges Fischerdorf, das sich unterhalb steiler Felswände am See erstreckt. Der Ort ist zweigeteilt, zum einen sehen wir bei unserem Spaziergang die alten Häuser mit dicken Mauern und schmalen Straßen, wo gerade mal zwei Menschen nebeneinander laufen können. Alle Wege führen steil den Berg hinauf.

Dann aber gibt es moderne Hotels, die immer höher hinauf am Felsen gebaut wurden.

Jetzt lebt Limone vom Tourismus, hauptsächlich vom Tagestourismus. Auf einen Einwohner des Ortes kommen täglich 10 Touristen, d.h. 10 000 Touristen täglich. An diesem Wintertag kann man es ziemlich genau sehen. Es kommen Boote, die Touristen schlendern durch die Stadt, besuchen die Restaurants, schauen in die Läden …

Und nach ein bis zwei Stunden verlassen sie den Ort.
Wir gehören auch zu diesen Tagestouristen. Eigentlich müsste es dafür noch einen anderen Namen geben, nämlich „Stunden-Touristen". Das ist eine „harte Aufgabe", viel zu sehen in kürzester Zeit.

© 2019 Anita Lehmann

Mit einem Stück Pizza in der Hand beginnen wir, durch die alten Straßen zu laufen, das alte Limone zu erkunden. Natürlich führt unser Weg aufwärts bis zur alten, Ende des 17. Jahrhunderts gebauten Pfarrkirche zum Hl. Benedikt. Welch beeindruckender Ausblick von hier oben!
Dann aber stoßen wir auf einen Wegweiser besonderer Art. Auf dem Straßenboden sahen wir eine Keramikfliese, die auf einen historischen Limonen-Garten verwies. Das mussten wir sehen!
Über verschiedene Ebenen mit den unterschiedlichsten Limonen-Arten (alle trugen kleine Namensschilder) liefen

wir am Felsen aufwärts. Die Bäume waren vor Frost geschützt. Fensterartige Gerüste aus Holz, mit Folie bespannt, sollen das Überwintern erleichtern. Wir bestaunten im Dezember die gelben Früchte im winterlichen Sonnenschein! Es war wie im Märchenland.

Damals, als ich schon einmal in Limone verweilte, war ich wohl zur falschen Seite des Ortes gegangen und hatte nur das verwaiste und aufgegebene Limonaia gefunden. An seiner Stelle stand nunmehr ein Hotel.

In einem Buch habe ich später gelesen, dass man nicht sicher ist, ob der Name des Ortes von dem Anbau der Limonen abgeleitet ist oder von dem Begriff „Limes", der Grenze zur Republik Venedig. Für mich war das nie eine Frage, schließlich sprechen wir auch von der Limonen-Riviera, wenn wir von der Westseite des Gardasees sprechen.

Von hier fuhren wir am Nachmittag zurück zur Ostseite des Sees, genauer gesagt nach MALCESINE.

Es begann bereits dunkel zu werden, so dass unsere Entdeckerfreude gedämpft wurde.

Ein beeindruckendes Gebäude fanden wir dennoch in der Via Capitanato. Fälschlicherweise übersetzte ich diesen Palast mit dem Wort „Kapitänsvilla" und erkannte erst später, dass es der Palast des Seehauptmanns war. Ein nationales Monument seit 1902. Durch Zufall hatten wir es entdeckt.

Ähnlich wie das Kapitänshaus in Garda stach es aus der Reihe der anderen Häuser heraus, es stand an exponierter Stelle, die Mauern waren stärker, die Wände und Fenster waren mehr verziert, die Aussicht auf den See vollkommen.

Wir erfuhren, dass die Skaliger im 13. Jahrhundert diesen „Palazzo dei Capitani" erbauen ließen und dass er im 15. Jahrhundert in Privatbesitz überging.

Ehrfürchtig und neugierig zugleich betraten wir das Erdgeschoss mit den wunderschönen Decken- und Wandgemälden. Der Saal öffnete sich zum Seeufer, und hier erlebten wir einen der beeindruckendsten Sonnenuntergänge der Reise.

Dieser Eindruck war auch während des Spazierganges am Hafen mit dem Blick auf das Wasser und den alten Segler im Vordergrund nicht zu toppen.

4. Malcesine und die Funiva

Ein anderer Reisetermin, aber wieder steht im Reisekatalog: „Freier Tag".

Unser Hotel in der Nähe von Torri del Benaco bietet zwar verschiedene Möglichkeiten, etwas zu unternehmen, aber viele Gäste möchten gern nach MALCESINE, oder besser gesagt, mit der Seilbahn von dort zum MONTE BALDO hinauffahren.

Warum ich mich nun verantwortlich fühlte, den Ausflug zu organisieren, kann ich nicht genau sagen, wahrscheinlich vermutete ich, dass die Gäste allein nicht fahren würden.

Schließlich warteten Gäste zweier Reisegruppen auf den Linienbus, der uns nach Malcesine bringen sollte. Als dieser endlich anhielt, war er schon mit Einheimischen und Touristen gefüllt. Glücklicherweise nahm er uns alle, etwa 40 Personen, mit. Bei uns in Deutschland hätte der übervolle Bus gegen die Sicherheitsvorschriften verstoßen, aber hier wurde gerückt und gerückt. Da ich für alle zahlte, stieg ich als letzte ein. Keiner konnte sich bewegen: ein Mann hielt sich über dem Kopf des Fahrers fest; das Knie des Mannes aus der ersten Reihe stieß mir bei jeder Kurve in die Wade, während ich am Rücken eines Engländers klebte. Jeden Mitfahrenden ging es ähnlich, aber alle nahmen es mit Humor, vor allem der Fahrer, der völlig eingerahmt von Gästen seinen Bus lenkte. Trotzdem hielt er an der nächsten Haltestelle, um weitere Fahrgäste mitzunehmen, diesmal nur noch am zweiten Einstieg.

Eine kurzweilige Fahrt war es trotz allem.

Gemeinsam liefen wir nun zur Seilbahn, die unsere Gäste auf den 2 218 Meter hohen Bergrücken bringen sollte. Als Gruppe in einer Bahn zu fahren, bringt finanzielle Vorzüge, aber man braucht auch das für alle gültige Ticket.

Neunzig Minuten stellte ich mich an, während die Gäste auf diese ihre Fahrkarte warteten. Dann endlich war es soweit, und die Touristen entschwanden mit der Seilbahn.

Beim letzten Mal hatte ich nur 17 Gäste meiner Reisegruppe, die hinauf fahren wollten. Eine „Gruppe", besteht aber aus mindestens 20 Personen. Folglich gewann ich schnell drei neue Gruppenmitglieder. Sie verstanden zwar meine Sprache nicht, aber mein Anliegen. Flugs schrieb ich sie mit auf meine Namensliste, die ich am Kartenschalter abgeben musste. Ein bisschen mulmig war mir schon ob dieses kleinen Betruges, aber ...

Mittlerweile war es Mittag geworden. Ich hatte vor, in der Stadt zu bummeln.

Obwohl MALCESINE nur etwa 4 000 Einwohner hat, kennen viele Urlauber die Stadt oder wenigstens den Namen. Jedoch sprechen viele den Namen falsch aus bzw. betonen ihn falsch, indem sie den Vokal „i" im Ortsnamen hervorheben.

© 2019 Anita Lehmann

An der Ostseite des Gardasees gelegen, kennen die Touristen die Stadt im Zusammenhang mit der Skaligerburg, dem Wahrzeichen der Stadt, der fantastischen Aussicht über den See und den Lederwaren, die hier zum Verkauf angeboten werden.

Einige wissen auch, dass hier J.W. von Goethe während seiner italienischen Reise weilte und interessieren sich für die Zeichnungen des Dichters, die in der Burg zu sehen sind.

Die Skaligerburg hatte ich schon bei anderen Kurzaufenthalten erstiegen und von allen Seiten fotografiert. Sie ist das optische Zentrum der Stadt, weiß und mächtig thront sie, wieder aufgebaut im 13. Jahrhundert, über der Stadt. Diesmal war es zu heiß, um hinauf zu gehen. Ich lief deshalb durch die kühleren, schmalen Gassen der Stadt, die mit runden, hellen und dunklen Kieselsteinen des Sees gepflastert sind. Die Straßenbauer haben diese Steine nicht einfach nur auf dem Boden aufgebracht, sondern kunstvolle Muster gelegt.

Ich laufe durch malerische, schmale Gassen und mehrfach durch Torbögen, die den Blick auf den See ermöglichen. Diese Bögen scheinen die Häuser voneinander zu trennen und gleichzeitig zu stützen.

Und ich erinnere mich: Während eines kleinen Stadtrundganges schlug die örtliche Reiseleiterin ebenfalls den Weg zur Burg durch eine solche winzige Gasse ein. Da sagte eine Frau hinter mir: „Da geh ich nicht mit, dass ist mir zu blöd." Ja gut, wir mussten hintereinander durch die Gasse aufwärts gehen, aber das gerade machte doch das Besondere aus. Ihr war die Schönheit einer solchen Stadt völlig fremd.

Heute aber suche ich hier Schatten. Ich fürchte, heute ist nicht der Tag für Entdeckungen. Ich schlenderte ziellos durch die Häuserzeilen und fuhr früher als geplant ins Hotel zurück.

Die Linienbusfahrer am Gardasee erhalten von mir ein besonderes Lob. Während der eine sich am Morgen von uns bedrängen und einengen ließ, hielt ein anderer am Nachmittag „nur für mich" vor dem Hotel an, weil es dort keine Haltestelle gab.

Am folgenden Morgen verabschiede ich mich vom Gardasee, um nach Hause zurückzukehren. Es ist noch dunkel an diesem letzten Morgen. Noch einmal stehe ich am See, gleich hinter der Uferstraße. Wenn nicht gerade ein Auto vorüber rauscht, hört man, wie die Wellen auf den runden Kieseln des Ufers aufschlagen. Ich bin eingehüllt in Morgennebel, der einem Dom ähnelt, mit einzelnen Lichtern am Horizont.

Nicht einmal eine halbe Stunde später war es heller Tag, die Sonne begann als rote Kugel ihren Lauf am Horizont.

II. VOM ADIGE ZUM ARNO UND ZUM BRENTA-FLUSS

1. Pisa und Florenz im Herbst

Heimfahrt durch das Etschtal.

Einfallende Sonnenstrahlen lassen die Felsen im Flusstal in weißen, gelben und rötlichen Farben leuchten. Wenn ich nicht wüsste, dass sich die Landschaft geologisch durch die Alpenauffaltung im Tertiär und die Eiszeit gebildet hat, dann könnte ich meinen, sie sei die Folge riesiger Steinbrucharbeiten.

Rinnsalen gleich verlaufen Sand- und Steinmuren abwärts, die Felsen scheinen in Quadrate geteilt zu sein. Darüber erheben sich jetzt im Oktober dunkelgrün-braune Waldflächen. Auf kleinen und kleinsten Vorsprüngen haben sich Bäume festgekrallt.

Im Eisacktal, zwischen Bozen und Brixen, werden die Bergspitzen durch einzelne Kirchen „markiert". Landgüter oder kleinere Dörfer wachsen an den Hängen hinauf. Terrassenförmig angelegte Weinberge bestimmen die Landschaft. Besonders eindrucksvoll finde ich dieses Bild, als wir am Kloster Säben vorbeifahren.

Weiter nördlich werden die Flächen gelber, auch die Bäume beginnen zu "herbsteln".

Rosengarten, Schlern und Seiser Alm werden passiert…

Weinanbau zu beiden Seiten der Fahrtstrecke …

Die Farben grün, gelb und rostbraun dominieren.

Ich denke über das Erlebte der letzten Tage nach.

Wir waren in der TOSKANA, und diese Region gehört zu den beliebtesten Reisezielen in Italien. Viele Gäste waren schon mehrfach dort, und natürlich auch ich, die Reiseleiterin. Und dennoch gibt es immer wieder Neues zu entdecken. Oder aber man erfreut sich an schon Gesehenem, Probiertem, Erlebtem ...

Hinter mir im Bus schlafen die Gäste, die Reise war anstrengend. Unter unseren Füßen befanden sich in den letzten Tagen die Straßenpflaster von Pisa, San Gimignano, Siena und Florenz. Vor allem war es eine Reise, wo kaum Zeit für eigene Entdeckungen blieb.

Als Gruppe waren die Gäste nicht belastbar. Jedes Zusammentreffen mit den örtlichen Reiseleitern leitete ich deshalb mit den Worten ein, ob es nicht möglich sei, den Rundgang etwas abzukürzen.

Trotzdem musste ich zwischen San Gimignano und Siena auf außerordentlich kurvenreicher Strecke den Gästen die bestellte Wurst reichen, den Kaffee und das Wasser bringen, denn dort stand schon der nächste Reiseleiter, bereit, uns mit der Geschichte und Tradition Sienas bekannt zu machen. Für mich selbst hatte ich keine Minute freier Zeit. Der neunzig Minuten dauernde Rundgang verlief ohne große Höhepunkte, ich glaube, es war zu viel für die Gäste. Es blieb eine Stunde freier Zeit, um sich umzusehen und zum Treffpunkt mit dem Fahrer zu laufen. Fazit: viel zu wenig.

In PISA wollte ich es besser machen, wollte die Zeit nutzen. Aber ein Gewitter und der damit verbundene Regenguss stoppte meine Unternehmungen. Aber, ich werde wiederkommen, es ist schon mein zweiter Stadtbesuch in diesem Kalenderjahr.

Damals hatte ich mir vorgenommen, nicht zur Piazza dei Miracoli zu gehen, sondern die Kirche zum Hl. Grab anzusehen. Nach 15 Minuten Weg querte ich den Arno und lief auf der anderen Seite des Flusses weiter. Hier gab es nicht das touristische Pisa, sondern die Altstadt mit schmalen Gassen, Plätzen und Hinterhöfen.

Dann erblickte ich die gesuchte Kirche. Zwischen den Wohnhäusern sah ich das kleine achteckige Gebäude mit dem unvollendeten Glockenturm aus grauem Naturstein und der ebenfalls achteckigen zugespitzten Kuppel. Leider war der gesamte Bau eingerüstet, verhangen. Es gab keine Chance, in sein Inneres zu sehen. Bedauerlich!

Zurück lief ich über die Brücke „Ponte di Mezzo", die bis ins 12. Jahrhundert die einzige Brücke über den Arno gewesen war. Mir fiel auf, dass viele Touristen anfingen, in ihren Taschen zu kramen, den Fotoapparat oder das Handy hervorholten und zu fotografieren begannen. Aufmerksam geworden, schaute ich nun genauer hin und bemerkte, dass das interessierende Objekt, die sich im Wasser spiegelnde Fassade der Häuser, auf der anderen Flussseite war. Ich liebe sie ohnehin, die Spiegelungen jedweder Art, aber diese hier war so gut in der Farbgebung, wie ich sie bisher nur im klaren Wasser der Seen und Fjorde gesehen hatte, noch niemals in einem Fluss.

© 2019 Anita Lehmann

Nunmehr lief ich ohne festes Ziel durch die schmalen Gassen der Altstadt. Ehemals prächtige alte Palazzi, vor deren Tür- und Fenstergestaltung ich stehen blieb, wechselten scheinbar übergangslos mit halb zerfallenen, ärmlichen Häusern ab. Ich steuerte auf ein kleines Café auf einem kleinen Platz zu. Vier Tische unter einer Platane, mit dunkelrotem Tuch bedeckt, reizen mich, im Schatten Platz zu nehmen.

„Mein" kleines Café, vergleichbar mit einer schlichten, sauberen Oase, wurde mit Blumentöpfen eingerahmt. Umschlossen wurde es von gelb, terra und sogar rosafarbenen Häusern, die mit dunkelgrünen toskanischen Holzjalousien ein urgemütliches, fast familiäres Bild boten.

Wenn nicht die protzige Villa hinter mir gewesen wäre, könnte man möglicherweise sogar von einer Idylle sprechen.

Am letzten Tag der Reise, nach der Stadtführung in FLORENZ, nutzte ich noch einmal die Gelegenheit, „eigene Wege" zu gehen.

Von meinen Eindrücken und Erlebnissen schrieb ich bereits in meinem ersten Buch.

Der geführte Stadtrundgang beginnt fast immer an der Franziskanerkirche Santa Croce, und hier ist meist der Treffpunkt nach der Freizeit. Hier stehe ich wirklich gern und sehe dem turbulenten Gewusel von Verkäufern, Malern, Musikern, Einheimischen und Touristen zu.

Von hier laufen wir zur Piazza della Signoria, vorbei an den Uffizien zur Ponte Vecchio, und von dort zur Kathedrale, zum Dom.

Meiner Reisegruppe hatte ich erzählt, dass es schon im 16. Jahrhundert in Florenz eine „Kochakademie" gegeben hat, man spricht von der Blütezeit der florentinischen Kochkunst. Daran erinnerte ich mich, als ich zur Mittagszeit durch die Straßen und Gassen schlenderte.

Ich wollte keine Spaghetti und keine Pizza, ich wollte eine Ribollita, das ist eine traditionelle florentinische Spezialität. Schon im Mittelalter gab es dieses Sammelsurium, dass die Florentiner aus Fleisch- und Gemüseresten zubereiteten und aus Fladenbrot und Olivenöl.

In einer kleinen Gaststätte stand die Ribollita wirklich auf der Speisekarte. Als ich bestellte, schaute mich der Kellner sehr zweifelnd an und fragte erneut nach meinem Essenswunsch. Ich wiederholte meine Bestellung. Er fragte noch einmal: „Mit Brot?" „Ja", antwortete ich.

Beide glaubten wir, dass der andere ihn nicht verstanden habe. Ein deutscher Gast und ein italienischer Kellner unterhalten sich in englischer Sprache. Beide sind nicht perfekt, da könnte es durchaus zu Missverständnissen kommen.

Aber nach kurzer Zeit kam mein Essen in einer geschmackvollen Keramikschüssel. Ich sah in meiner Schüssel nur eingeweichtes Brot. Dazu wurden Olivenöl, ebenfalls in einer Keramikflasche, Salz und Pfeffer gereicht. Beim Umrühren sah ich dann Stücke von Bohnen, Kartoffeln und Möhren. Es schmeckte stark nach Lauch oder/und Zwiebeln und vor allem nach Knoblauch, den ich ansonsten nicht esse. Für meinen Geschmack war die Suppe trotzdem zu fad, bevor ich sie dann kräftig mit Olivenöl und den Gewürzen aufpeppte.

Mein Fazit lautete: Florenz ja, Ribollita nein.

Nunmehr gestärkt und um eine Erfahrung für sieben Euro reicher, erkundete ich auf meine Weise die Straßen und Gassen westlich der Ponte Vecchio.

Durch die parallel zum Fluss Arno verlaufende Straße Via delle Terme laufend, in jede Nebenstraße wenigstens ein paar Schritte hinein gehend, entfernte ich mich vom Fluss. Hier gab es links und rechts der Straße keine Wohnhäuser, sondern Palazzi. Einer davon war mein Ziel, der Palazzo Strozzi.

Der Erbauer, Bankier und Vermögensverwalter der neapolitanischen Könige und Gegner der in Florenz regierenden Familie Medici, lebte im 15. Jahrhundert.

Die meisten Besucher der Stadt schlendern trotzdem an diesem prachtvollen Stadthaus vorbei, denn es befindet sich auf der teuersten Einkaufsmeile. Das Auge der Menschen folgt den aufwändig präsentierten Auslagen, der Blick ruht weniger auf diesem äußerlich schlichten, aus großen Sandsteinquadern gebauten Haus. Noch im 21. Jahrhundert kann man die Halterungen für die Pferde und die nächtlich brennenden Fackeln an der Frontseite sehen. Möglicherweise waren es zur Zeit seiner Erbauer auch einfach nur Schmuckelemente.

Ich betrat den Innenhof des Hauses, der nach der Kompaktheit des Äußeren auf mich leicht und hell wirkte. Ursächlich dafür waren sicherlich die Säulen des Innenhofes, die großen verglasten Rundbogenfenster im 1.Stock und die offene Galerie darüber. Der sonnenblaue Himmel spendete durch die Öffnung im Dachbereich sein Licht .
Um dieses Ambiente besser betrachten zu können, setzte ich mich ins „Café Strozzi", welches sich im Erdgeschoss befindet.

Von hier bis zur Brücke über den Arno war es nicht weit. Die Ponte S. Trinita wurde während des zweiten Weltkrieges zerstört, gesprengt und nach dem Krieg wieder aufgebaut. Selbst die steinernen Figuren waren wieder an ihrem Platz. Als letztes Teil soll mehr als ein Jahrzehnt später der Kopf einer der Figuren geborgen worden sein.
Auch hier herrscht Betrieb, aber kein Gedränge wie auf der benachbarten Ponte Vecchio.

Der Arno fließt scheinbar träge, Wasserpflanzen tragend. So oft ich auch am Ufer des Flusses stand, noch niemals habe ich irgendwelche Schiffe darauf gesehen.
Diesmal aber fuhr ein einzelnes Paddelboot Richtung Osten. Es störte die Ruhe des Flusses nicht, denn die sich im Wasser spiegelnde Straßenseite blieb als Ganzes erhalten.

Mein Weg führte durch schmalere Straßen zurück zur Ponte Vecchio.

© 2019 Anita Lehmann

Erstaunt war ich, als ich feststellte, dass in diesem Stadtteil mehrere sogenannte Geschlechtertürme standen, die zum Teil noch bewohnt wurden. Den meisten sah man das Alter an, aber interessant waren sie allemal.

Nachdem ich meinen Freizeit-Spaziergang allein unternommen hatte, traf ich auf der Piazzale degli Uffizi eine Mitreisende, die ebenso wie ich, eines der kleinen Toskana-Bildchen kaufen wollte, die hier von den Künstlern selbst angeboten wurden.

Im heimatlichen Wohnzimmer kann ich beweisen, dass diese kleinen Kunstwerke schon längere Zeit von mir geliebt werden.

© 2019 Anita Lehmann

Am Treffpunkt der Reisegruppe standen sie dann wieder, die aus Afrika stammenden Taschenverkäufer. Ihr Angebot war auch diesmal vielfältig und preiswert, so dass nochmals, möglicherweise letztmalig während dieser Reise, nach Herzenslust gekauft werden konnte.

Eine Familie, Mutter und Tochter, brachten es auf diese Weise auf sieben Taschen.
Beide beschäftigten mich während der Reise jedoch anderweitig. Das Mädchen, im Teenageralter, war am Knöchel, höchstwahrscheinlich von Mücken, mehrfach gestochen worden. Die Einstichstellen schwollen an. Die besorgte Mama eilte zur Apotheke, traute sich dann doch nicht, die Creme aufzutragen. Nun sollte ich entscheiden, ob ein Arztbesuch notwendig sei. Ich plädierte für Hausmittel: Kühlen mit ein paar Spritzer Essig.
Nach dem Abendbrot, so gegen 21.00 Uhr, lief ich noch einmal zur Küste, um das abendliche Meer zu genießen.

Während ich nach kurzem Aufenthalt zum Hotel zurück ging, wurde ich schon von verschiedenen Reisegästen angesprochen, die mit der Bitte, mich zu suchen, vom Hotel losgegangen waren. Ein zusätzlicher Telefonanruf und ein Zettel an der Zimmertür betonten die Dringlichkeit. Wieder zeigten mir die beiden Frauen das Bein. Ich sah nichts außer einem geschwollenen Mückenstich. Die Entscheidung über einen möglichen Arztbesuch musste ich den Gästen überlassen.

Ich sah keine Notwendigkeit, durfte es so aber nicht sagen. Dazu kam, dass es ein Wochenende war, im Ort selbst gab es keinen diensthabenden Arzt ... Wir verblieben nach langem Gespräch so, dass die Entscheidung am kommenden Morgen fallen sollte.

Kaum war ich in meinem Zimmer unter der Dusche, wurde erneut an meiner Tür geklopft. Obwohl es keine neue Entwicklung gab, sah ich mir das Bein wieder an und versuchte, beruhigend zu erklären, dass auch ein Arztbesuch am folgenden Tag erfolgen könne. Diesmal genervt, ging ich auf mein Zimmer.

Am Morgen des nächsten Tages erschienen die beiden Frauen zum Frühstück als sei nichts gewesen. Ich fragte nach, wie das Befinden sei. Fast widerwillig erklärte man mir, dass das Bein immer noch dick sei. Man brauche augenblicklich keinen Arzt.

Weder jetzt noch später hielten die Frauen es für nötig, sich bei mir zu bedanken. Ich bin eben die Reiseleiterin.

Meinem Vorsatz, bei jedem Besuch etwas Neues zu entdecken, blieb ich auch bei meinem bislang letzten Besuch in Florenz treu. Privat reiste ich mit einer Reisegruppe.
Meinen Reisepartner musste ich nicht lange überzeugen.

Wir schlenderten ins sogenannte Marktviertel.

Dort steht die möglicherweise älteste Kirche der Stadt, die Basilika San Lorenzo aus dem 4. Jahrhundert. Gelbbraune Lehmziegel, eine glatte, schmucklose Fassade, hervorgehoben durch seinen Bau auf einem etwas größeren Platz. Der Weg zu ihr führte über Treppenstufen hinauf. Beeindruckend war sie, diese Kirche, aber leider geschlossen.

Auf der Treppe nahmen wir Platz, tranken einen Kaffee, schwatzten, fanden sogar Hochwassermarken, hier, weit ab vom Fluss Arno.

Und jetzt machte ich den entscheidenden Fehler. Ohne auf die uns verbleibende Zeit zu achten, begann ich, über den angrenzenden „Ledermarkt" zu laufen.

Verkaufsstände mit Taschen, Geldbörsen, Jacken, Mützen … Überall Taschen!

Ich brauchte keine und wollte auch keine kaufen.

Ich befand mich im „Bummelmodus" und vergaß, auf die Zeit zu achten. Beim Blick auf die Uhr erschrak ich regelrecht.

Wir stürmten los. Das Wohngebiet um den Markt war mir fremd. Welche Straße führte uns am schnellsten zum Treffpunkt?

Ohne das GPS meines Partners wäre ich sicherlich mehrmals falsch abgebogen. Es zeigte uns den kürzesten Weg.

Rechts.

Geradeaus.

Jetzt links.

Dann wieder rechts. …

Mit dem Handy in der Hand kamen wir zügig voran und erreichten gerade noch pünktlich den Treffpunkt.

2. Verona erlaufen

Meine Erstbegegnung mit der Stadt und einen Theaterbesuch in der Arena beschrieb ich in meinem ersten Buch.
Bei jedem Besuch in Verona wird mir die Stadt ein wenig vertrauter. Ich entdecke jeweils Neues.

Die Porta Nuova ist das erste Gebäude, das dem Touristen auffällt, wenn er Verona mit dem Bus besucht. Von der Autobahn kommend, fährt der Bus direkt darauf zu. Auf dem wuchtigen Gebäude, in dessen äußerer Hülle ich auch klassische Strukturen zu erkennen glaube, wehen drei Fahnen: die italienische, die europäische und die der Stadt Verona. Wir sind also willkommen.

Von der Stadtführerin erfahren wir, dass die Stadt von zwölf Kilometer historischer Stadtmauer umgeben war, die jetzt, im 21. Jahrhundert, Parkanlagen oder einfach nur Spazierwege sind.
Die Festungsmauern wurden seit dem 13. Jahrhundert angelegt, der Herrschaftszeit der Skaliger.
Später, als die Österreicher regierten, wurden die Tore erneuert, den Forderungen der Handelsstadt und der Verteidigung angepasst.
Aber immer erhielten die Eingangstore auch eine imposante Dekoration.
Der bedeutendste Festungsbaumeister des 16. Jahrhunderts, Michele Sanmichele, ließ sowohl die Porta Nuova als auch die Bastionen erbauen.
Die Eingangstore in die Stadt sind noch heute zu sehen.
Ich entschloss mich, mir später wenigstens eines genauer zu betrachten, die Porta Trento. An der nördlichen Schleife des Adige lief ich am Dom vorbei, dann über die

Brücke „Ponte Garibaldi" und auf der Nordseite des Flusses wieder zurück.

Ich wollte ohnehin die Jugendstilvillen fotografieren, die in unmittelbarer Nähe gebaut worden waren: vornehme Bürgerhäuser mit Erkern, kleinen schlanken Türmchen mit Rundbogenfenstern, vorstehende Balkone mit verzierten Säulen, Kapitelle, schmiedeeiserne Gitter an den Balkonen und an den Zäunen. Dort, wo sich keine Balkone befanden, gab es Stuckdekorationen, die meisten im schlichten Weiß, die anderen farbig. Schnell eilte ich durch einen winzig kleinen Park Richtung Fluss und stand vor der Porta Trento.

Ob sie schon immer so aussah? Ich weiß es nicht.

Vor mir steht ein rechteckiger, symmetrischer Ziegelbau, der einen durchgehend weißen Anstrich hat. Ich vermute, dass die Porta unterhalb des jetzigen Straßenniveaus Verteidigungsfunktionen hatte. Der gesamte Platz muss vor Jahrhunderten tiefer gelegen haben.

Meine Neugier war noch nicht gestillt, aber augenblicklich konnte ich nicht mehr herausfinden.

Zurück laufe ich wieder entlang des Flusses. Der Adige hat beidseitig hohe Mauern, führt nur wenig Wasser. Hier habe ich, wie auf dem Fluss Arno, noch niemals ein Schiff gesehen.

Ein Fischer stand im knietiefen Wasser, und vor der Brücke versuchte sich ein „Sportler" auf einem Surfbrett. Neuerdings wird Rafting angeboten, aber hier, an diesem ruhig dahin fließenden Wasser kann es nicht sein, sondern sicherlich etwas außerhalb der Stadt.

Pünktlich bin ich wieder auf der Piazza Bra, dem Treffpunkt der Reisegruppe. Voller Freude stellte ich als erstes fest, dass mein ältester Reisegast, in Gedanken nannte ich meine über 90 Jahre zählende Dame „Bus-Oma", den morgendlichen Sturz weitgehend verarbeitet hatte. Gleich nach dem Ausstieg aus dem Bus übersah sie eine kleine Stufe aus hellem Travertin, stolperte und fiel quer über den Fußweg an die Straßenmauer. Konsequent verneinte sie die Behandlung durch einen Arzt. Ich bin ihr sicherlich mit meinen wiederholten Rückfragen auf die Nerven gegangen.

Mit ihrer Reisebegleitung zusammen wollte sie aber unbedingt in der Stadt verbleiben. Nun war ich doch froh, dass sie mit den anderen Reisegästen am Platz wartete.

Sind aber alle Gäste da? Haben alle Reisenden hierher gefunden?

Nun begann die immer wiederkehrende „Zählerei". Wir sind 48 Personen …

Immer dann, wenn ich zählte, wollten mir meine Gäste behilflich sein. „Da kommt noch einer von rechts." „Dort drüben sind auch noch zwei." „Mein Mann ist noch einmal zur Toilette gegangen." … Ich zähle und zähle, immer im Gewusel mit anderen Touristen.

Neue Informationen erreichen mich:

„Mein Mann kann nicht so lange stehen. Er hat sich auf die Bank gesetzt." „Die Gäste X und Y sind schon langsam vorausgegangen."

Ich bin, wie immer in solchen Situationen, verzweifelt. Es hilft nur noch eins: Ich muss die Straße queren, in der Mitte stehen bleiben und die Gäste durchwinken. Wenn ich dann meine magische Zahl erreicht habe, ist es geschafft. Der gemeinsame Weg zum Bus beendet den Ausflug.

Kürzlich war ich selbst privat mit einem Reiseleiter unterwegs, der es anders machte. Nicht er rannte umher und zählte und zählte, sondern die Gäste klatschen ab. Ich fand die Idee toll und habe versucht, es nachzumachen, aber einer fehlte. Die Frau war zwar anwesend, aber klatschte meine Hand nicht ab. Fazit: Diese Zählmethode ist so sicher bzw. unsicher wie all die anderen auch.

Knappe zwei Wochen später:
Der Stadtführer wählte für seinen Rundgang abgelegene, schmale Gassen, die ich bei allen vorangegangenen Spaziergängen noch niemals betreten hatte. Dadurch kamen wir gut voran und waren pünktlich auf der Piazza Bra.

Mein Freizeitplan sah vor, die Porta Nuova, das Eingangstor zu erkunden, das sich im historischen Verona zwischen den Stadtmauern befand und das ich als Besucher als erstes kennen lerne. Wie gesagt, die Stadtmauern gibt es nicht mehr. Aus den Mauern und Gräben sind grüne „Flanier-Wälle" geworden. Der Verkehr rollt nicht mehr durch die ehemaligen Torbögen, sondern außen rechts und links vorbei.
Ich bin um das Tor gelaufen, war auf dem Wall. Obwohl die Bedeutung des Baus durch drei Fahnentücher hervorgehoben wird, empfinde ich nichts, kein historischer Schauer, keine Begeisterung für den Bau an sich.

Um etwas fürs Gefühl zu tun, laufe ich zum Grab der Julia (Tomba di Giulietta). „Entlang der Mauer Richtung Fluss, durch den dritten Torbogen rechts, dann ist es ausgeschildert," so lautete der Hinweis in der Stadtinformation.
Der Weg führt mich zu einem Museum auf dem historischen Boden eines Kapuzinerklosters aus dem 13. Jahrhundert, das von einer kleinen Parkanlage umgeben ist.
Ich steige die Treppe hinab in die Unterkirche. Säulen und Backsteinmauern, einfache Steintreppen. Den beeindruckendsten Augenblick erlebe ich, als ich auf halber Höhe

durch einen spitzen Torbogen, der sicherlich ein ehemaliges Fenster war, den Steinsarg sah. Er ist größer und einfacher als ich ihn mir vorstellte.

Nur noch wenige Stufen trennen mich vom Kellergewölbe, dann stehe ich vor einem grau-schwarz-roten Stein, abgegriffen, glänzend, Überreste einer großen Liebe, weltbekannt.

Ergriffen verharre ich im Raum und denke über die glücklich-unglückliche Liebe des wohl berühmtesten Liebespaares der Stadt nach. Ob Julia hier wirklich ihre letzte Ruhe fand? Die einen behandeln es als Tatsache, und die anderen meinen, dass in diesem Sarg niemals eine Tote gelegen habe.

Dann führen mich meine Überlegungen zum Autor der unsterblichen Liebesgeschichte.

Kürzlich hatten wir ein Klassentreffen und alle ehemaligen Schüler der damaligen Abiturklasse erinnerten sich mit Freude daran, wie sie im und außerhalb des Unterrichts Shakespeares „Was ihr wollt" auf die Bühne gebracht haben, wie sie ellenlange Texte gelernt, sich im Fundus des Staatsschauspiels eingekleidet, geprobt und nochmals geprobt haben. Die Aufführung war ein Erfolg für alle Beteiligten und ein Beweis, dass Shakespeare, wenn auch von uns modern interpretiert, zeitlos ist, uns noch heute zum Nachdenken und Schmunzeln bringen kann.

Erstaunt war ich darüber, dass ich fast allein in der Gruft war. Eine junge Mama mit Kind verließ gerade das Gewölbe und ein Hochzeitspaar kam mir entgegen, als ich die Unterkirche verließ.

Ehrlich gesagt, ich glaubte, dass wesentlich mehr Menschen hier sein würden.

Auf dem Weg zurück entdeckte ich ein Denkmal aus weißem Marmor. 2008 schenkte eine japanische Partnerstadt ihre Version der Geschichte Romeos und Julias in Form eines Denkmals der Stadt Verona. Es ist ziemlich monumental, durch den weißen Stein empfinde ich es „unterkühlt"; es gefällt mir nicht.

Auch München ist eine Partnerstadt Veronas (seit 1960). Gastgeschenke unterstützen die Beziehungen. So schenkte München 2010 der Stadt Verona den Brunnen auf dem Hauptplatz und erhielt eine Kopie der Julia-Statue.

Eilig ging ich zurück zur Piazza Bra und weiter durch die Promenier Straße zur Piazza Erbe.

Mein Ziel war der Torre dei Lamberti.

Vom höchsten Turm der Stadt wollte ich auf diese hinab sehen.

Ich musste mir selbst beweisen, dass ich meine Höhenangst fast gänzlich überwunden habe.

Der Fahrstuhl brachte mich nach oben zur Turmuhr, dann stieg ich über eine Wendeltreppe weiter hinauf bis zum Geläut. Glücklicherweise befand ich mich zu keiner vollen Stunde in der Nähe, wenn die Glocken schlagen. Das wäre bei der Größe der Glocken kein Ohrenschmaus.

Nach allen vier Seiten wollte ich nun fotografieren und begann mit der Kirche Madonna di Lourdes im Norden. Dort oben hatte ich vor Jahren, als wir noch mit dem Bus durch die Stadt fahren durften, mehrfach mit den Gästen gestanden und auf den S-förmigen Verlauf des Flusses geschaut, auf das Häusermeer der Stadt und die Arena im Süden. Damals beeindruckte mich die Stadt, die sozusagen unter mir ausgebreitet war, zum ersten Mal.

Heute, auf dem Turm, war der Fluss nicht zu erkennen.

Ein rotes Dächer-Meer erstreckt sich vom Turm zu den Hügeln am Horizont.

In entgegengesetzter Richtung erblickte ich in der Nähe des Friedhofes ein kleines Stück des Flusslaufes. Auch die Arena konnte ich orten, aber ansonsten kenne ich die Stadt immer noch zu wenig. Auch hier nur eine rote Fläche. Von oben sah es aus, als gäbe es dazwischen gar keine Straßen. Mit einem Blick und einem Foto nach unten auf die rechteckige Piazza dei Signori mit der Statue Dante Alighieris nehme ich Abschied vom Turm.

Nur einmal während des Stadtrundganges mischte ich mich in die Darlegungen unserer Stadtführerin ein. Ich erzählte den sächsischen Gästen, die mit mir reisten, dass der wettinische König Johann (1854-1873), der vor der Semperoper in Dresden mit einem Denkmal geehrt wird, das Hauptwerk Alighieris ins Deutsche übersetzt hat. Ich versuchte, die Verbindung zu unserer sächsischen Heimat herzustellen.

Immer wieder führen die Reisen der Veranstalter nach Verona.

Die Wege gleichen sich beim Stadtrundgang. Vom Parkplatz kommend, laufen wir auf die andere Seite des Flusses. Während des ersten Fotostopps am römischen Tor, einer ehemaligen Zollstation, können wir die Festungsanlagen im Hintergrund sehen.

© 2019 Anita Lehmann

Weiter führt uns der Weg u.a. zum Friedhof der Skaliger, zum Wohnhaus Romeos, zur Piazza dei Signori, zur Piazza Erbe und zum vermeintlichen Wohnhaus der Julia.
Alle Rundgänge enden an der Arena, auf dem größten Platz der Stadt.
Immer gab es danach freie Zeit, die Stadt selbst zu entdecken. Deshalb führten mich meine Wege jeweils kreuz und quer durch die Stadt.

Einmal saß ich auf der Piazza Erbe vor einem Café und wurde Zeuge eines Diebstahls.

An jedem Wochentag stehen dort unzählige Verkaufsstände der Händler. Touristen und Einheimische wuseln
durch die Gänge zwischen den Ständen. Plötzlich sah ich,
dass bei einem Verkaufsstand ein buntes Tuch zu Boden
fiel. Eine Passantin schob es mit dem Fuß etwas zur Seite,
schaute sich kurz um und steckte es, als sei es ihr Eigen-
tum, in die Tasche. Ich war empört, konnte aber nichts
tun, denn ich hatte meinen Espresso noch nicht bezahlt.
Würde ich aufstehen, dann sähe es aus, als wollte ich meine
Rechnung nicht bezahlen. Sollte ich jemand rufen? In wel-
cher Sprache? Wem sollte ich mich verständlich machen?
Mit anderen Worten: Ich sah zu, wie die Diebin weiter über
den Platz ging.

Herbst 2018.
Meine Wunschliste für private Entdeckungen wird kürzer,
aber sie ist immer noch lang genug.
Auf dem Weg zum Teatro Romano lief ich durch Zufall
an der Synagoge vorbei. Das Polizeiaufgebot vor dem Gebäude hatte mich neugierig gemacht. Von außen sah ich
einen schlichten, gelben Bau, symmetrisch angeordnete
Elemente, wahrscheinlich klassizistisch. Im Inneren war
der Gebetsraum ebenfalls schlicht, angenehm ruhig, in
warmen Farben gehalten.
Fotografieren durfte ich nicht. „Domani. Domani." Der
Grund war höchstwahrscheinlich eine jüdische Besucher-
gruppe, die in einem Vorraum empfangen wurde. Aber immerhin, man ließ mich ein, obwohl die Tür zu diesem
Empfang geöffnet war.
Im sächsischen Heimatort ist die Synagoge ganz selten für
Besucher geöffnet.
Ziel meines Stadtbummels war an diesem Oktobertag das
Teatro Romano, 20 v.u.Z. gebaut, jenseits des Adige. Ich
stieg die Stufen zum Eingang hinauf.

Am Hang standen noch einige Mauern, alte Kapitelle waren gelagert, nebeneinander angeordnet. Meine Fantasie reichte nicht aus, um mir diese historischen Zeugnisse als Kulisse eines Theaters vorzustellen. Allerdings waren es nur Betrachtungen von außen, sozusagen durch den Zaun. Es war geschlossen.

Das Theater wird noch bespielt. Deshalb stehen schwarze Stühle, in Reihen geordnet, vor der Bühne. Der Fluss und die Stadt dienten und dienen sicherlich als Kulissen; die halbkreisförmige Anordnung der alten Sitzreihen mit der Öffnung zum Fluss lässt das vermuten.

Ich stieg noch weiter hinauf auf den Berg (Colle di S. Pietro). Der Ausblick von hier oben auf die Stadt ist es wert, sich angestrengt zu haben. Begeistert bin ich von dem Blick auf die Ponte Pietra, die einzige „Römerbrücke", die noch erhalten ist.

© 2019 Anita Lehmann

Eigentlich stimmt diese Aussage nicht, denn wie alle Brücken in der Stadt, wurde auch diese am Ende des zweiten Weltkrieges gesprengt. Aufgebaut wurde sie als einzige unter Verwendung der alten Steine, die man aus dem Fluss barg. Deshalb darf sie auch Römerbrücke genannt werden.

Auch an diesem Tag im Oktober endete der vorläufig letzte Besuch in Verona für mich an der Arena.
Irgendetwas war an diesem Tag vor der Arena anders.

© 2019 Anita Lehmann

Ich sah, dass keine Eintrittskarten verkauft wurden, aber ich hörte Musik. Durch einen schmalen Durchgang erblickte ich eine Eisbahn und sah auch einzelne Eisläufer auf der Fläche. Schlittschuhe und Eis in der Arena? Im Oktober? Im warmen Verona? Ich wollte meinen Augen nicht trauen

Erst danach las ich in der Zeitung, dass an diesem Tag die europäische Erstaufführung eines Musicals auf dem Eis stattfinden wird mit dem Titel „Romeo und Julia". Es war der Wunsch des Produzenten, Ilya Averbukh, für diese Aufführung Verona zu wählen. In der Presse wird es das „eindrucksvollste Musical aller Zeiten auf Eis" genannt. Auf der Kunsteisbahn in der berühmten Arena werden 250 Personen auftreten, Goldmedaillengewinner, Weltmeister. Der Choreograph ist nicht nur berühmt, sondern auch er war ein Eiskunstlauf-Weltmeister.

3. Venedig bei Sonne und bei Regen

Ich hatte VENEDIG schon bei Sonne und im Regen kennengelernt. Mehrmals war ich, vom Gardasee kommend, zu Tagesausflügen hier.

In meinem ersten Reisetagebuch findet der Leser einige Episoden.

Heute regnete es wieder, wie bei meinem allerersten Besuch an einem Ostersonntag. Von diesem ersten Aufenthalt habe ich nur Schirme und Menschenmassen in Erinnerung.
Diesmal regnete es nicht, es goss. Der Regen setzte ein, als wir die Inseln betraten. Es würde eine Stadtführung mit Schirm werden. Schon die Vorstellung war grauenvoll.
Die Stadtführerin geht mit einem großen Schirm voran, die Gäste haben ebenfalls alle ihre Schirme geöffnet. Wie immer lief ich am Ende der Gruppe.

In aller Eile versuchte ich, mir die Farben und Muster der vor mir laufenden „Schirme" einzuprägen. Zur besseren Orientierung musste ich mich von den anderen Schirmträgern unterscheiden. Ich schloss also meinen Schirm, band um die Spitze mein leuchtendes Schaltuch und hielt es als Orientierungshilfe über meinem Kopf. Das Regenwasser lief nunmehr ungehindert vom Schirm durch den Ärmel meiner Jacke an meinem Oberkörper entlang. Es dauerte nicht lange, bis ich völlig durchnässt war. Tapfer hielt ich durch, obwohl ich auf ein baldiges Ende der Führung wartete. Unsere Stadtführerin ging durch die Gassen und über Plätze, sie überließ es mir, dafür zu sorgen, dass die Gäste beisammen blieben. Da ich, wie erwähnt, am Ende der Gruppe lief, hörte ich nicht einen einzigen vollständigen Satz. Meine Gäste waren außerordentlich geduldig, keiner murrte oder meckerte, alle folgten ihr diszipliniert. Beinahe hätte ich sogar die Verabschiedung der Stadtführerin in der Nähe der Rialto-Brücke verpasst.

© 2019 Anita Lehmann

Was nun? Alle standen um mich herum und fragten: Wo ist die Rialto-Brücke? Wo geht es zum Markusplatz? In welches Café sollten wir gehen? Wo sind hier Toiletten?... Mit anderen Worten: Auch die Gäste hatten wenig verstanden, nicht zugehört, vergessen…

Was sollte ich tun?

Neben der Rialto-Brücke gibt es seit kurzer Zeit ein Kaufhaus, dorthin eilte ich mit den Gästen. Hier waren wir erst einmal vor dem Regen geschützt, und ich konnte alle Fragen beantworten.

Und... ich konnte mich um mich selbst kümmern. Unter dem Händetrockner der Kaufhaus-Toilette versuchte ich, das Haar wenigstens etwas anzutrocknen. Ich hockte mich also unter den Trockner und wollte nicht bemerken, wie die Kunden, die die Toilette aufsuchen, über mich lächelten. Aber an mir war alles nass, der Anorak klebte ebenso an mir wie meine Hosen. Die Schuhe werde ich wohl niemals mehr tragen können, sie quietschten bei jedem Schritt. Lange Zeit verbrachte ich dort im Kaufhaus unter dem Trockner.

Als ich wieder ins Freie trat, schien die Sonne. Der Regenspuk war vorbei.

Noch waren nicht so viele Menschen nach draußen gekommen, man traute dem Wetter nicht.

Das war mein Augenblick!

Ich lief über die Rialto-Brücke, fotografierte diese, soweit es durch die Restaurants, die sich am Ufer des Flusses befinden, möglich ist. Die Gondeln lagen noch vertäut am Ufer.

Die kräftig blauen Abdeckungen der glänzend schwarzen Boote, die grau und terrakotta-farbigen Häuser auf der anderen Seite des Flusses und die mit weißem Tuch gedeckten Tische auf meiner Seite bildeten ein harmonisches Ganzes. Über allem schien die Sonne, die das graugrüne Wasser erglänzen ließ.

© 2019 Anita Lehmann

Das Nässegefühl an meinem Körper blieb, aber die Gassen und Plätze füllten sich wieder mit Touristen, diesmal ohne geöffnete Schirme.

Kürzlich war ich wieder in Venedig.
Sonnenschein!
Alles schien in Ordnung zu sein.
Pünktlich liefen wir vom „Fährschiff" Richtung Markusplatz. Endlich hatten meine Gäste Zeit, die ersten Fotos zu machen.
Im Mittelpunkt ihrer fotografischen Begeisterung standen die schmalen Kanäle, die schwarzen Gondeln, die Brücken und natürlich ganz besonders die Seufzerbrücke, die den

Dogenpalast mit dem Gefängnis auf der anderen Seite des Kanals verbindet.

© 2019 Anita Lehmann

Alles war perfekt, bis zu dem Zeitpunkt, als wir uns wieder am Schiff treffen sollten.

Gleich zwei Frauen waren im Wasser des Canale Grande unfreiwillig baden gegangen. Zwei! Und unabhängig voneinander.

Die eine wollte ihrem Mann beim Ausstieg aus der Gondel helfen und musste vom Gondoliere aus dem Wasser gezogen werden, die andere war auf den nassen Steinen am Ufer ausgerutscht. Die eine kam zum Treffpunkt mit neuem Kleid, die andere hatte ihre Kleidung am Körper weitgehend getrocknet. Glücklicherweise waren die Blessuren in Grenzen geblieben.

Über die Abenteuer der beiden Ehepaare wurde geschmunzelt, es hätte jedoch jeden von uns passieren können.

III. ERLEBTES VON NORD NACH SÜD

1. Alpenpässe

Wieder war ich mit einer Reisegruppe auf dem Weg zum Passo Tonale, 1 883 M. ü. M., also ganz oben in den Bergen zwischen Brenta-Dolomiten und Presanella im Süden und der Ortlergruppe im Norden.

Unser „Hotel delle Alpi" befindet sich direkt an der Passstraße im Ort VERMIGLIO.
Radfahrer, Golfer und private Wanderer sind während unseres Aufenthaltes kaum da. Aber eben, wie wir, Busgruppen.
Von hier starten wir jeden Morgen; und erst abends gegen 18.00/19.00 Uhr sind wir zurück. Das wirklich attraktive Schwimmbad wurde noch von keinem meiner Gäste genutzt. Vielleicht ist das Angebot mit 30 Euro im letzten

Jahr und 10 Euro in diesem Jahr immer noch zu teuer.

Die Lage des Hotels ist beeindruckend, aber die tagtäglichen Auf- und Abfahrten sind für Fahrer und Reisende anstrengend.

Diesmal, bei Sonnenschein, war die erste Auffahrt problemlos. Im vergangenen Jahr erlebte ich es ganz anders. Damals, im Oktober, lag ein Regenschleier über allem.

Wir sahen weder die bunten Gebirgswiesen, noch die schäumenden fiumes, rios und torrentes; weder die alten Wohnburgen noch den im Tal eingebetteten Stausee S.Giustina. Wir spürten nur Kurven und Kehren und wieder Kurven und Kehren. Letztlich waren wir froh, endlich oben zu sein.

Der Fahrer und ich hatten diesmal während der Fahrt schon nach den Schienen der Schmalspurbahn geschaut, mit der wir am folgenden Tag fahren sollten. Aber vergeblich.

Wegen Bauarbeiten war eine Veränderung der zu fahrenden Strecke vorgenommen worden.
Am nächsten Morgen, am Morgen des zweiten Reisetages, erkannten wir, weshalb wir die Schienen weiter oben in den Bergen nicht sehen konnten.
Es gab keine.
Die zu fahrende Strecke begann erst in MEZZANA.
Und im Gegensatz zu unseren erzgebirgischen historischen Kleinbahnen war diese hier eine meterspurige, elektrifizierte Schmalspurbahn mit modernen Triebwagen und allem technischen Komfort, die durch das Nonstal mit bis zu 90 km/h über Viadukte und durch viele Tunnel führt. Auf 17 Stationen hielt der Zug, bis wir nach rund 40 Minuten in Cles ankamen.
Dort sollte uns der Bus abholen. Sollte! Aber der nur drei Meter hohe und vielleicht 100 Meter lange Straßentunnel, der zum Bahnhof führte, war ein Hindernis für das Treffen von Bus und Gästen. Also liefen wir erst einmal los. Auf der anderen Tunnelseite, bei einer Bushaltestelle, brauchten wir nicht lange auf unseren Bus zu warten, der uns nach TRIENT bringen sollte.

Eine Reiseleiterin erwartete uns am Adige (Etsch). Mittlerweile waren die Gäste schon bald vier Stunden unterwegs, es waren über 30 Grad und die Stadtführerin, sicherlich auch hitzegeplagt, etwas durcheinander.
Es war ein Desaster, wie ich es noch niemals erlebt hatte.
Das allgemeine Interesse der Gäste erlahmte schon nach kurzer Zeit.
Von der Piazza Dante führte uns Frau M. zur Piazza Duomo (also über zwei Straßen) und sprach über die Ereignisse des Tridentiner Konzils, zeigte Renaissance Paläste mit und ohne Fresken. Einige wenige Gäste waren an

den ausführlichen Ausführungen interessiert, andere versuchten, ihr zu verdeutlichen, dass sie von der Stadt mehr als zwei Straßen sehen wollten. Frau M. ließ sich nicht irritieren.

Ich war in der „Zwickmühle", denn nach und nach verabschiedeten sich meine Gäste ganz höflich mit den unterschiedlichsten Entschuldigungen. Es waren am Ende nur noch sieben Zuhörer. Als unsere Stadtführerin am Stadtmodell ihrer Heimatstadt begann, die Türme zu verwechseln, versuchte ich ganz schnell, den Stadtrundgang zu beenden. Es war für alle gut so.

Dennoch hatte ich nun keine Zeit mehr für das berühmte Castello del Buonconsiglio. Das würde bis zu einem späteren Besuch warten müssen

Allein bummelte ich nunmehr durch die Straßen und schaute mir hauptsächlich die vielen Wohntürme an. Hier gab es davon mehr als in S.Gimignano, der berühmten Stadt der Wohntürme in der Toskana, nur waren sie in Trient nicht so hoch.

Fasziniert war ich vom 12-stöckigen Stadtturm und der ältesten Kirche S. Maria Maggiore. Auch die Tatsache, dass der Flusslauf innerhalb der Stadt nach 1858 verändert (begradigt) wurde, war für mich sehr interessant.

Aber letztlich blieb alles Gesehene oberflächlich. Der Dom war schon geschlossen und das Castello hatte ich nicht einmal von außen umrundet.

Bei der nachmittäglichen, zweiten Fahrt zu unserem Hotel in den Bergen notierte ich, dass die Fahrstraße nicht einfach nur „Apfelstraße" hieß, sondern die Namen nach den angepflanzten Apfelsorten variierten. Vor Cles waren es die Sorten Melinda und Mondo, und nach dem Stausee waren es die Straßen der Renette und des Golden Delicious.

Apfelbäume standen rechts und links der Fahrbahn bis zum Horizont. Kisten, gestapelt für die zu erwartende Ernte, standen bereit. Eine Stapelburg!

In Dinario sind wir unaufmerksam und verlassen den Straßen-Kreisel in falscher Richtung, Richtung Madonna di Campiglio.

MADONNA DI CAMPIGLIO?
Ich erinnere mich, dass ich ein einziges Mal den Auftrag bekam, in diesen vornehmen Wintersportort zu fahren.
Wir wohnten in Riva, im Norden des Gardasees. Von da aus waren es etwas mehr als 60 Kilometer.
Bei diesem Ausflug musste man sich wirklich vor Augen halten, dass der Weg das eigentliche Ziel war. In einer Talsenke zwischen Brenta-Dolomiten und Adamello befindet sich das touristische Kleinod mit seinen 750 echten Einwohnern.
Eine märchenhafte Winterlandschaft, schneeweiße Gipfel und mondäne Hotels, aber keiner wollte uns haben. Wo auch immer wir unseren Bus abstellen wollten, wir wurden weggeschickt, mal freundlich, mal mit harschen Worten. Letzten Endes zwängte der Fahrer den Bus zum Halt an eine Straße, wo der Schnee beräumt, das Parken aber auch verboten war.
Ich fühlte mich nicht willkommen; seither war ich auch nicht wieder dort.

Wir hatten Glück, es gab wenige hundert Meter nach dem falschen Abbiegen eine Chance, unseren Bus zu drehen. Später, auf den höheren Gebirgsstraßen wäre das kompliziert geworden.

Dass jeder Fahrer konzentriert arbeiten muss, steht außer Zweifel. Aber hier in den Bergen stundenlang sicher zu fahren, müsste allseits mehr anerkannt werden.

Am Abend, ich schaute aus dem Fenster, beobachtete ich, wie dichter weiß-grauer Nebel aus dem Tal aufzog. Wie Feuerzungen schlängelte er sich an den Felswänden nach oben. Je höher er drängte, desto dichter und dunkler wurden die nachfolgenden Schwaden. Ein Naturschauspiel.

Ich erinnerte mich an die Fahrt im letzten Oktober:
Das Naturschauspiel war ähnlich, aber…
Damals stand ich vor dem Hotel, um auf die Ankunft des Rettungswagens zu warten. Am Abend war es notwendig geworden, einen Arzt zu rufen. Medizinische Hilfe konnte hier auf dem Pass nur über Telefon aus den tiefer gelegenen Orten angefordert werden. Auf diesen Rettungssanitäter wartete ich nun vor dem Hotel.

Sie kamen auch schnell, entschieden ebenso schnell, dass die Reisende zur genaueren Untersuchung ins Krankenhaus gebracht werden müsse. Die mitreisende Freundin fühlte sich nicht stark genug, den Transport zu begleiten. So kam ich ins Spiel. Vom Abendbrot weggeholt, stand ich nun hier vor dem Hotel und wartete.

Die beiden Männer im Rettungswagen sprachen weder deutsch noch englisch, sie bedeuten mir aber, neben der Frau Platz zu nehmen. Einer der Rettungssanitäter saß am Kopfende. Ich weiß nicht, in welchem Ort wir schließlich in eine Tiefgarage fuhren, vermutlich Male´. Wir waren etwa 20 Minuten unterwegs gewesen. Ich nahm an, im Krankenhaus zu sein. Weit gefehlt. Mit Handzeichen wurden wir aufgefordert, auszusteigen und in einem daneben parkenden Transporter umzusteigen. Wieder nahm ich neben der Patientin Platz.

Die Fahrt endete nach 80 Minuten in CLES, im Valle di Non (Nonstal). Meine spärlichen Englischkenntnisse mussten nun reichen, um als Übersetzer zu fungieren. Es gab das volle ärztliche Untersuchungsprogramm mit Blutentnahme, röntgen, bis hin zu Spritzen. Nach reichlichen drei Stunden wurde die Frau entlassen, die Ärzte konnten keine akuten Anzeichen einer Krankheit erkennen.

Sie rieten uns, ein Taxi zu nehmen und gaben uns eine Telefonnummer. Ein aus dem Schlaf geweckter Fahrer brachte uns (für 100 Euro!) zurück zum Hotel.

Wir waren viereinhalb Stunden unterwegs gewesen und standen nun vor dem verschlossenen Hotel. Es war dunkel, die Rezeption nicht besetzt. Beide hatten wir keine Ahnung, wie die Türen zu öffnen waren. Der neue Tag war schon über eine Stunde alt, es wurde immer kälter. Wir waren nicht so gekleidet, dass man längere Zeit nachts im Freien ohne gesundheitliche Folgen verbringen könnte. Wir mussten schnellstens ins Hotel hinein kommen.

Aber alle Anrufversuche scheiterten. Die Freundin hatte, so erfuhren wir am nächsten Tag, das Handy ausgeschaltet. Der Busfahrer hatte sein Diensthandy im Bus liegen gelassen. Bei der gewählten Nummer des Hotels, ich hatte sie mir vorsorglich vor der Abfahrt geben lassen, reagierte niemand.

Mehr durch Zufall entziffern wir im schwachen Lichtschein unserer Handys an der Tür ein Viereck mit einem Tastencode und wahrscheinlich dazugehörendem Text in italienischer Sprache. Immer wieder gaben wir die Telefonnummer ein.

Nichts.

Dann fiel mir auf, dass inmitten dieser Wortfolge nur eine Zahl stand, die "7". Also drückte ich diese Zahl, mehrmals. Jetzt endlich meldete sich eine Stimme, und nach kurzer Zeit wurden wir eingelassen.

Lange stand ich in dieser Nacht unter der heißen Dusche, um warm zu werden.

Dabei hatte der Reisetag damals so gut angefangen. Wir fuhren über die höchste Stelle der Passstraße. Nur wenige Häuser gibt es in diesem Wintersportort. Das Bild eines Skigebietes mit 380 Kilometer Pisten kann ich mir jetzt im Spätsommer nicht vorstellen. Die Strecken müssen präpariert werden, die Skifahrer versorgt ...
Es ist alles leer, keine Häuser, keine Wanderer. Nur eine einsame Gondel steht am Fuße eines Gipfels. Noch einmal: Nichts, aber auch gar nichts weist auf aktives, sportliches Geschehen im Winter hin.
Jetzt, im Sommer, fahren die Gondeln zu den verschiedensten Gipfeln, aber Touristen sehen wir kaum.

Etwa 90 Minuten dauert die Fahrt, bis wir am darauf folgenden Tag die schweizerische Stadt TIRANO erreichen. Unsere Straße führt direkt zum Marktplatz, auf dessen Mitte das Wahrzeichen der Stadt, die Basilika Madonna di Tirano, zu bewundern ist...
Die Stadt mit ihren etwa 9 000 Einwohnern ist für mich ein besonderes Kleinod. Man kommt sozusagen aus dem kühlen Norden in eine Stadt mit Mittelmeerklima. Bunte Blumenrabatten säumen die Straßen, Palmen und Zitronenbäumchen stehen in den Anlagen.

Von hier wollen wir mit dem Panoramazug über den BERNINA-PASS fahren.
Vergangenen Herbst waren wir zu früh in Tirano, d.h. jeder Gast konnte entsprechend seinem Interesse die Zeit nutzen, die Stadt entdecken.
Die meisten liefen zur Wallfahrtskirche.

Mich zieht es zum ältesten Teil des Ortes, der hinter dem Flüsschen, am anderen Ortsende, beginnt. Ein Wehr- und Geschlechterturm, im unteren Teil aus Feldsteinen bestehend, fasziniert mich besonders. Wir würden heute sagen, dass er fünf Stockwerke hoch gebaut wurde. Oben auf dem Dach befinden sich Schwalbenschwanzzinnen und an jeder Ecke des Daches ein „teuflischer" Wasserspeier, kunstvoll gestaltete Drachenköpfe. Der Eingang, auf derselben Seite wie eine ehemals prächtige Uhr, nimmt in der Höhe zwei Stockwerke ein.

Hier wohnten keine „armen Leute"!

Weiter hinten kann ich kleine Holzhütten erkennen. Zur Besichtigung bleibt mir mal wieder keine Zeit.

Am Bahnhof angekommen zähle ich meine Gäste, einmal, zweimal. Sie wuseln auf dem Bahnsteig herum, obwohl für uns Plätze im Bernina-Express vorbestellt sind. Unser Fahrtziel, St. Moritz, war nur 60 Kilometer entfernt, die Zeit war mit zweieinhalb Stunden angegeben.

Die abwechslungsreiche Strecke gehört zu den schönsten der Schweizer Bahnen. Anfangs fuhren wir, ähnlich einer Straßenbahn, mitten auf der Straße, dann langsam hinauf zum Brusio Kreisel, dem fast alle Gäste stehend und fotografierend huldigten.

Der Zug fuhr tatsächlich einen Kreis.

Bahndamm und ein Viadukt ermöglichten, dass wir von unserem Abteil aus sowohl die Lok als auch den letzten Wagen sehen konnten. Fantastisch!

Vorbei am Lago Poschiavo verläuft die Bahnstrecke ähnlich wie die am Morgen auf der Straße. Kurve rechts, Kehre links, ... nur eben hinauf zum Pass.

Dann steht der Zug auf dem höchsten Punkt der Strecke: Ospizio Bernina.

© 2019 Anita Lehmann

Wie gebannt schaue ich hinauf zum Gletscher. Sonne und Wärme haben ihn in den letzten Jahrzehnten schmelzen lassen, er ist kürzer geworden und hat von seiner Mächtigkeit verloren.

Von hier aus geht es zunächst nach Pontresina hinab, vorbei am Moderatsch-Gletscher.

Ganz nah fahren wir vorbei. Das ist mein persönliches Highlight. Meist hat er neue Eisabbrüche, die dann im Sonnenlicht blau schimmern. Seine Wasser stürzen unter dem Eisschild hervor und rauschen zu Tal.
Es ist nun nicht mehr weit bis St. Moritz. Der Bahnhof befindet sich auf halber Höhe eines Gebirgszuges zwischen Dorf und See. Von hier wird uns der Bus nach der Freizeit ins Hotel zurück bringen.

Welche Empfehlung kann der Reiseleiter für die Freizeit geben? Sollten die Gäste hinunter zum See gehen, der in der Sonne glitzert, oder wäre es interessanter, mit der Rolltreppe hinauf ins Dorf zu fahren? Beides ist gleichermaßen reizvoll. Jeder Gast sorgt also für sein eigenes Wohlfühlprogramm.

Die Rückfahrt war für die Gäste trotz der beeindruckenden Umgebung sehr anstrengend, denn nun musste sowohl die Strecke zurück nach Tirano mit dem Bus gefahren werden und auch die wieder hinauf zu unserem Hotel. Das alles ist Vergangenheit.

Mit einem neuen Reiseauftrag kam ich Wochen später wieder hierher.

Heute würde ich die Fahrt genießen, denn ich kannte ja alle organisatorischen Probleme der Tagesfahrt.

Doch ...

Es kam alles anders.

Kurze Zeit nach dem Start in Vermiglio warteten wir vor der ersten Baustelle, die manuell geregelt wurde. Dann kam die zweite. Der Fahrer und ich sahen verstohlen auf die Uhr. Unsere Blicke verdeutlichen, dass es mit der Zeit eng werden könnte, wenn es so weiterginge.

Auf dem Pass Aprica bereiteten sich Radler und Organisatoren auf den Start eines Rennens vor. Wieder mussten wir warten. Jetzt war uns klar, dass die Abfahrt des Bernina-Expresses höchstwahrscheinlich ohne uns erfolgen würde. Ich begann zu telefonieren. Zuerst mit dem Bahnhof in Tirano, dann mit der Zentrale der Rhätischen Bahn in Chur.

Allmählich wurde ich unruhiger.

Eine dritte Baustelle.

Eine Oldtimer-Ausfahrt.

Mir war klar, pünktlich würde ich den Zug nicht erreichen. Der Fahrer gab sein Bestes, aber Sicherheit geht auch in einem solchen Fall vor.

Als wir mit sieben Minuten Verspätung den Bahnhof erreichten, fuhr der Zug gerade los.

Ein Glück, dass ich schon mit der Bahnhofsverwaltung telefoniert hatte. Für uns stand ein freier Wagen der Rhätischen Bahn bereit, nur für uns. Und nur 45 Minuten später! Die Gäste blieben während der gesamten Zeit ruhig, sie wussten, dass wir beide alles getan hatten, was uns möglich war.

Die Fahrt nach St.Moritz konnte, wenn auch mit Verspätung, d e r Höhepunkt der Reise werden.
Sie wurde es auch.

Als Reiseleiter wurde ich an diesem Tag jedoch noch einmal herausgefordert. Für St.Moritz gab es neue „Aufenthaltsbestimmungen". Busse dürfen nur mit Genehmigung in den Ort fahren, der Kurzparkplatz auf dem Bahnhof ist gesperrt und am See darf der Bus nur zum Ein- und Ausstieg halten.
Was sollte ich tun? Eine schnelle Entscheidung war vonnöten, zumal ein Gewitterregen unmittelbar bevorstand. Glücklicherweise kannte ich den Ort ziemlich genau. Ich schlug vor, zum Parkplatz der Signalbahn zu fahren. Dort konnten wir den Gästen eine verspätete Mahlzeit aus dem Bus anbieten. Das war hier in der Schweiz aus organisatorischen Gründen notwendig.
Während der Regen auf das Dach des Busses trommelte, wurden die Gäste von uns versorgt, und ich hatte Zeit, über das weitere Vorgehen nachzudenken. Ich entschied letztendlich, weiterzufahren, den Aufenthalt in Dorf St. Moritz abzubrechen. Es war bereits 14.00 Uhr, wir hatten noch eine Fahrzeit von zwei Stunden zurück über den Berninapass nach Tirano vor uns und dann noch einmal zwei Stunden hinauf auf den Passo Tonale zu unserem Hotel.

Das Hotel ist während der Wintersaison ein gefragtes Wintersporthotel.
Deshalb gibt es, wie in anderen Hotels, die auch Privatgäste haben, eine Speisekarte zur Auswahl der Gerichte.
Für uns ist das selten der Fall, deshalb erinnerte ich mich an einen Aufenthalt in der Schweiz. Das Hotel „Perren" in

Zermatt war ein gepflegtes Hotel mit ebensolchem Service. Damals hat es uns sehr beeindruckt, mit wieviel Liebe die Speisen umschrieben wurden. Jeden Tag lag die neue Speisekarte auf dem Tisch.

Von einer der Schweizer Abendkarten habe ich mir einen Ausschnitt aus einer Speisenfolge abgeschrieben, weil der Fahrer und ich über die folgenden Umschreibungen besonders amüsiert waren. Da hieß es u.a.:

*Terrine von einheimischem Frischkäse auf buntem, mariniertem Marktgemüse-Konfetti

*Lamm-Nüsschen, rosa gebraten mit Tomaten-Häubchen auf Blattspinat aus dem Mittelland, begleitet von kleinen Kartoffel-Kroketten

*Rendezvous von Emmentaler Erdbeeren mit Rhabarber aus unserem Garten.

Gemeinsam mit den Gästen entwarfen wir einen Gegenentwurf, unsere Speisekarte, das „Bus-Menü".

Zustande kam dann folgendes:

Menü 1:

*Wohlgeformte, knackige Schlauchwurst aus der Büchse von der Firma … , gewärmt in frischem Schweizer Gebirgswasser mit Tröpfchen von Brühe aus der dazugehörenden Büchse, dazu gereicht mittelscharfer Senf aus dem heimatlichen Bautzen und goldgelben Buttertoast mit Frischhaltedatum.

Menü 2:

*Terrine nach Art des Hauses Maggi in den verschiedenen Geschmacksvariationen, gebrüht mit Schweizer Quellwasser und liebevoll umgerührt mit heimatlichem Plastiklöffel.

Wenn wir damals nicht alle solchen Spaß bei den neuen Formulierungen gehabt hätten, dann wäre der Zettel nicht mehr in meinen Unterlagen.

Ich bin immer der Ansicht, wenn die mir anvertrauten Gäste bereit sind, solchen „Unsinn" mitzumachen, dann genießen sie den Urlaub.

Auch am letzten Reisetag lag eine längere Anfahrt vor uns. Diesmal wollten wir sicher gehen, fuhren statt der geforderten zwei Stunden drei Stunden früher los, um ja pünktlich am LAGO D' ISEO zu sein.
Bis zum Abzweig Edolo-Brescia kannten wir die Straßenführung. Wir fuhren durch beeindruckende Täler, entlang bunter Gebirgswiesen, größerer und kleinerer Flüsse, sahen viele malerisch gelegene Orte und erlebten Wälder, die noch intakt sind.
Unser Ziel war der viertgrößte See Italiens, der Iseo und in ihm die Insel Monte Isola.
Ich lehnte mich auf meinem Sitzplatz zurück und genoss die Landschaft.
Und dann war es passiert, der Fahrer hatte den Abzweig verpasst. Ich rief nur noch: „Rechts! Rechts!"
Er war an der Ausfahrt „IAEO" vorbeigefahren. Ein Halten oder Wenden war nicht möglich. Also weiter in einen Tunnel Richtung Brescia. Ich hatte das Gefühl, dass die Straße aufwärts führte. Wir aber mussten runter zum See, der Ort hieß SULZANO. Als ich nach mehreren Tunneln eine Abfahrt entdeckte, bat ich den Fahrer abzufahren. Es gab aber ein Verbotsschild für LKW. Darf da ein Bus fahren? Der Fahrer entschied: „Nein." Ich war mir in diesem Augenblick nicht sicher, aber er hatte Recht. Wir fuhren weiter.
Verstohlen schaute ich zur Uhr; die Zeit verrann.
Mehrere Tunnel weiter fanden wir endlich die gesuchte Abfahrt. Wir fuhren zwar am See zurück, aber immerhin nach Sulzano.

Dort verblieben uns gerade noch 25 Minuten bis zur Abfahrt eines Ausflugsbootes auf dem See, genügend Zeit für die Gäste, einen kleinen Spaziergang am See zu machen oder einen Espresso zu trinken.

Die Bootsfahrt gehört für mich zu den beeindruckendsten Augenblicken dieser Tour. Der Voralpensee liegt eingebettet zwischen vielen Bergen. Die bewaldeten Hänge ziehen sich jeweils hinab zum See mit seinen kleinen Orten, die aus der Entfernung wie gemalt aussehen. Zwischen den Häusern, entlang des Ufers, blühen Bäume und Sträucher in vielen Farben: Oleander, Granatapfel, Tulpenbäume, Olivenbäume …

Der Bootsführer fährt um drei Inseln inmitten des Sees. Ich erinnere mich, schon bei meinem ersten Besuch Plakate gesehen zu haben, die mein besonderes Interesse erweckten.

2016 hatte der Künstler Christo ein spektakuläres Kunst-werk geschaffen, die schwimmende Brücke zwischen den Inseln. Eine gelbe/orangefarbene Straße, bestehend aus Kunststoffwürfeln, die mit Nylonbahnen überdeckt wur-den, verband die Inseln. Insgesamt drei Kilometer führte sie auf blau grünem Wasser. 16 Tage lang konnte man wie Jesus über das Wasser gehen!

Noch jetzt, vier Jahre später, sind die Plakatwände mit die-sem Ereignis gefüllt.

Ein etwas längerer Aufenthalt auf der „Monte Isola" und eine Weinprobe im neuen Weinbaugebiet Franciacorta rundeten unser Programm ab.

Meine Reisegruppe diesmal war wie jede andere auch: ein nicht geringer Teil der Gruppe sind Rentner oder solche Gäste, die sich dem Rentenalter nähern.

Die einen Gäste waren belastbarer als die anderen, die ei-nen fragten, fragten, fragten, die anderen antworteten mir nur zögerlich, die einen lobten das Reiseprogramm und die Durchführung, die anderen gingen am Abend schwei-gend ins Hotel, aber nicht einer äußerte laut Kritik.

Nur am Morgen des Abfahrtstages ... kritisierte ich.

Einige Gäste versorgten sich am Frühstückstisch ganz of-fiziell mit Brötchen für unterwegs. Auf meine Vorhaltun-gen diesbezüglich bekam ich von einer Reisenden zur Ant-wort: „Das haben wir bezahlt. Ob ich es nun im Magen aus dem Speiseraum trage oder so, das ist egal."

Mir verschlug es die Sprache, aber nicht lange.

Im Bus erzählte ich das eben Erlebte. Auf der Heimfahrt hat keiner sein mitgenommenes Frühstück im Bus geges-sen.

2. Parkplatzsuche in Caserta

In CASERTA, etwa 30 Kilometer nördlich von Neapel, sollte die zweite Übernachtung auf dem Weg nach Sizilien erfolgen. Fahrer und Reiseleiter waren bisher noch nicht in dem vom Veranstalter festgelegten Hotel gewesen.

Laut meiner Reiseunterlagen mussten wir die Autobahnabfahrt Caserta-Sud wählen. Der Busfahrer hatte im Internet nachgelesen und war felsenfest davon überzeugt, dass ich mich irre und dass wir in Caserta-Nord abfahren müssten. Sogar einen Ausdruck hatte er für mich vorbereitet. Letztendlich ist der Fahrer für die Route verantwortlich, also stritt ich nicht vor den Gästen. Wie wir alle wissen, kann man unsere Gespräche sogar mehrere Reihen hinter uns verstehen, und das wollte ich keinesfalls.

Man muss allerdings an dieser Stelle sagen, dass es erst die Zeit der Anfänge des Navigationssystems auf den Bussen war. Wir hatten keins!

Es dunkelte bereits, als wir die Autobahn verließen. Wir fuhren und fuhren.

Die Straßen wurden immer enger. Außerhalb der Stadt, in den Bergen, hatten wir uns dann endgültig „festgefahren". Da standen wir nun im Finstern, ohne jegliche Ahnung, wo das Hotel sein könnte.

Alte Männer, die zum abendlichen Treff auf der Bank saßen, wollten uns helfen.

Sprachbarrieren machten die Erklärung fast unmöglich.

Ich spürte, dass die Gäste unruhig wurden.

In diesem Augenblick schlug eine Autotür, eine Frau stieg eilig aus und fragte uns in deutscher Sprache, ob sie helfen könne. Sie stamme aus Darmstadt und führe hier eine Pizzeria. Sie rief für uns im Hotel an, wo man weder deutsch noch englisch sprach, und bat, dass uns jemand mit dem

Auto abholt und dem Bus voran fährt. Zwanzig Minuten später entpuppte sich unser Hotel als ein riesiger Hotelkomplex, den man hätte sehen können - bei der Abfahrt Caserta-Sud. Warum nur hatte ich mich nicht durchgesetzt?

Nun kam ich, ein Jahr später, erneut zur Übernachtung nach Caserta. Ich war froh, denn es sollte ein Hotel direkt im Zentrum sein, gleich neben dem Schloss, das zu besuchen ich mir ganz fest vorgenommen hatte.

Aber auch diesmal konnte ich mir diesen Wunsch nicht erfüllen. Fünfzig Minuten brauchten wir nach der Abfahrt von der Autobahn, um innerhalb der völlig verstopften, von Baustellen gesäumten Straßen das Hotel zu erreichen. Als endlich unsere Gäste untergebracht waren, fuhr ich mit dem Bus mit zur Tiefgarage, die sich unter dem Schloss befinden sollte. Aber sie war geschlossen.

Die Stadt-Odyssee begann erneut, diesmal auf der Suche nach einem Parkplatz für einen 13,70 Meter langen Bus.

Der Straßenverkehr war katastrophal. Die Autos parken entlang der Straße bis nahe der Kreuzung. Wir können nicht abbiegen, sondern müssen entweder geradeaus oder gar zurück.

In dem von uns erlebten Fall musste der Fahrer etwa 200 Meter zurück, aber auf gerader Straße. Ich laufe also vor dem rückwärtsfahrenden Bus, versuche, die schimpfenden, mit dem Kopf schüttelnden oder mich auslachenden Autofahrer nach der Seite oder auch zurück zu dirigieren. Irgendwann war es geschafft.

Aber einen Stellplatz für den Bus hatten wir immer noch nicht.

Dann entdeckte ich einen „Parking" für Autos und Wohnwagen. „Wo die Platz haben, dort gibt es vielleicht auch eine Stelle für unseren Bus", dachte ich. Schnell eile ich zu dem unscheinbaren Tor, entdecke dahinter einen größeren

Platz, vollgestellt mit Autos, aber kein Bus. Das Verhandeln mit den Betreibern beginnt: Ein „german Pullman?", „big Pullmann? „Für eine Nacht?" Junge Männer, sie diskutierten miteinander, riefen dann irgendwen an und endlich nickten sie.

Glücklich lief ich zum Busfahrer zurück. Nur noch eine Runde ums Schloss war zu fahren, weil wir von dieser Seite nicht auf den Platz fahren konnten.

Es war noch einmal eine Stunde vergangen, bis wir nun endlich den Bus sicher abgestellt hatten. Als wir endlich am Hotel ankamen, hatten unsere Gäste schon zu Abend gegessen, und ich war froh, dass das ohne Probleme erfolgt war.

„Naja", dachte ich mir, „du hattest keine Chance, das Schloss anzusehen, aber es bleibt ja noch Zeit bei der Rückfahrt." Ein Blick durch das hohe schmiedeeiserne Gitter musste vorerst genügen.

Äußerlich ähnelt der riesige Komplex dem Schloss von Versailles und wurde für den König von Neapel und Sizilien erbaut. Schon deshalb passte ein Besuch in den Ablauf einer Sizilienreise.

Auch im 20. Jahrhundert hatte das Schloss historische Bedeutung erlangt, es war Hauptquartier der Alliierten, und hier wurde die Kapitulation der deutschen Italienarmee 1945 unterzeichnet.

Bei einem Blick durch die Gitterstäbe der Gartenanlage konnte ich Statuen und gepflegte Wege erkennen, den Beginn einer englischen Gartenanlage. Es gäbe also genügend Gründe, das Schloss zu besichtigen.

Bei der Rückfahrt wurde es noch viel komplizierter, den Bus korrekt zu parken. Die Parkplatzsuche quer durch die Stadt war chaotisch, irgendwann war das Rechtsabbiegen nicht mehr möglich, die Fahrbahn war durch die abgestellten Fahrzeuge zu schmal. Nach meiner Erinnerung standen wir sozusagen zur Hälfte in der Rechtskurve. Zuerst versuchten wir es einfach mit rückwärtsfahren. Aber das hatte keinen Zweck, weil immer wieder Autos von hinten nachdrängten.

Wieder musste ich absperren, aber diesmal zwei Straßen, geschätzt mehr als 200 Meter. „Mutig" stellte ich mich also auf die Mitte der Straße und versuchte, die von der Hauptstraße abbiegenden Fahrzeugführer daran zu hindern. Da stand ich nun, mit ausgebreiteten Armen mitten auf der Straße, ich, eine Frau, und schrie immer wieder "Pullman" und „retour". Die Autofahrer sahen ja nur mich, hinter mir war die Straße frei, der Bus stand noch hinter der Kurve. Natürlich verstand keiner, was ich da machte. Weiße Bluse und Firmenschild sahen ja ein bisschen dienstlich aus, aber wer konnte das im Vorbeifahren erkennen? Ich war schon froh, wenn sie mich nicht umfuhren und nur schimpfen (das verstand ich ja ohnehin nicht) oder achselzuckend weiterfuhren. Ab und an schlüpfen sie doch an mir vorbei, fuhren in die von mir gesperrte Straße, mussten dann zurückkommen und machten das Chaos, dem ich vorstand, perfekt. Als dann endlich der Bus, rückwärtsfahrend, zu sehen war, wurde es für mich einfacher. Ich konnte auf den Bus zeigen. So ging es Meter um Meter rückwärts. Auf der Hauptstraße zurück, mussten wir nur noch die Einbahnstraße in falscher Fahrtrichtung befahren, dann war es geschafft.

Später habe ich mich und vor allem den Fahrer gefragt, weshalb wir nicht die Polizei geholt haben. Wir waren wohl beide in diesem Augenblick überfordert.

Einen Parkplatz hatten wir immer noch nicht gefunden. Der Parkplatz von der Hinfahrt, unser Ausnahme-Parkplatz, war jetzt unser Ziel.

Bei der Anfahrt kamen wir auch an der Tiefgarage vorbei. Diesmal war sie geöffnet! Es war 20.45 Uhr, kein anderes Fahrzeug stand in der Garage, aber zwei uniformierte „Dienstleute" ließen uns den Bus abstellen. Dass sie außerordentliches Interesse an unseren Biervorräten zeigten, interessierte mich nur noch am Rande. Meine Beine zitterten immer noch.

Das Stadthotel in Caserta trug am kommenden Morgen dazu bei, dass meine „Aufregung" nicht nachließ.

Abends war nur unsere Reisegruppe im Restaurant. Das Essen verlief ohne größere Pannen. Nur erkannte das Personal die Chance, das Trinkgeld auf geradem Wege zu verdienen. Die Preise für die Getränke wurden rigoros nach oben geschraubt.

Aber morgens gab es ein riesiges Desaster. Unsere Gruppe zählte 46 Personen. Zur gleichen Zeit kamen Soldaten zum Frühstück. Das Restaurant hatte aber von vornherein nur 50 Plätze. Fast alle Gäste „stürmten" gleichzeitig das Buffet. Der Nachschub kam ins Stocken. Es gab nicht genügend Tassen, Teller, Stühle, Kaffee, Brot… Am Ende konnte auch nichts nachgereicht werden, weil eben alles verzehrt worden war.

Spätestens jetzt stellte ich mir die Frage, nach welchen Kriterien Hotels ausgewählt werden.

Es gelingt mir einfach nicht, mir das Schloss in Caserta anzusehen, denn als Reiseziel wurde es bei unseren regionalen Reiseveranstaltern bisher noch nicht angeboten.

3. Capri

Wenn der Bus in südlicher Richtung am Vesuv vorbei-
fährt, konzentrieren sich alle Gäste auf den noch immer
aktiven Vulkan. Ich jedoch suche mit dem Blick über den
Golf von Neapel, also in entgegengesetzter Richtung, die
Insel CAPRI, die „zweihöckrige" Insel, die dem Festland
von Sorrent vorgelagert ist.

Capri ist der Traum eines jeden Italien-Urlaubers. In meinen Rundreise-Aufträgen war stets nur ein Tagesausflug
geplant, d.h. wir schliefen in Hotels auf dem Festland. Der
Fahrer brachte uns am Morgen ins Zentrum von Sorrent,
auf den Hauptplatz Piazza Tasso. Von dort lief ich mit
meiner Gruppe viele, viele Treppen hinunter in den Hafen.
Mit anderen Worten, die Fahrer unseres Reisebusses hatten kaum eine Chance, selbst mit zur Insel zu kommen,
denn sie mussten den Bus außerhalb des Ortes parken. Ich
erinnere mich nur an einen Fahrer, der mit Hilfe eines vorher bestellten Taxis das Schiff nach Capri pünktlich er-
reichte.

Ein andermal arbeitete ich mit einem jungen, historisch
sehr interessierten Fahrer zusammen, der weniger Glück
mit dem Parken des Busses hatte. Ich wartete mit der Fahrkarte auf ihn am Eingang des Hafens.

Die Gäste waren mit dem Fremdenführer schon an Bord
gegangen. Ich wartete, wartete, wartete... Im allerletzten
Moment kam er, und wir rannten beide zum Schiff, als die
„Landungsbrücke" vom Land abhob. Wir sprangen! Ich
freute mich noch, es geschafft zu haben, als ein Besat-
zungsmitglied uns aufforderte, zurück an Land zu springen. Bei klarer Überlegung hätte ich es nie getan. Ich sah
schon Wasser unter mir ...

Ohne zu überlegen, sprang ich ein zweites Mal. Die Gefahr, in der wir uns beide befanden, habe ich erst danach

realisiert. Meine Beine zitterten noch, als ich schon überlegte, wie ich schnellstens nach Capri komme. Glücklicherweise nahm uns ein Tragflächenboot mit.

Noch vor den Gästen waren wir auf der Insel, im Hafen Marina Grande.

Wichtig war: Weder die Gäste, noch der italienische Reiseleiter hatten unser Fehlen bemerkt.

Die Insel war in der Vergangenheit mit dem Festland verbunden, sie war sozusagen die in den Golf hinausragende Spitze, und sie ist nicht vulkanischen Ursprungs.

Heutzutage ist die Verbindung mit dem Festland nur noch über das Wasser möglich.

Ich bin von Neapel, Ischia und hauptsächlich von Sorrent aus zur 10,5 Quadratkilometer großen Insel gefahren.

Die meisten Touristen wollen nach Betreten des Schiffes sofort an die Spitze, obwohl ich sie warne, dass es dort am Morgen kalt und nass wird. Das ist anders bei den Tragflächenbooten, weil diese Schiffe geschlossen sind. Die Dauer der Fahrt beträgt eine reichliche halbe Stunde.

Ich glaube, dass es niemals ganz windstill im Golf ist, aber wie stark der Wellengang wirklich sein wird, erfahren wir erst, wenn das Schiff den geschützten Hafen verlässt.

Verteilen die Matrosen Papiertüten? Wenn ja, dann gehe ich ganz schnell zur Mitte des Schiffes, dort ist die Auswirkung des Wellenganges am geringsten.

Auf der Insel haben die Fremdenführer, die alle eine Lizenz besitzen, das Sagen. Ich halte mich am Ende der Gruppe auf, meine Hauptfunktion ist das Zählen; keiner darf verloren gehen. Die erste Zählung erfolgt bei der Aufteilung in zwei Busse, mit denen wir in die Orte Capri bzw. Anacapri hinauffahren.

Die Fahrzeuge haben eine Sondergröße, sie sind genauso breit, dass zwei Busse aneinander vorbei passen. Wir halten jedes Mal die Luft an, aber die Fahrer sind wahre Könner!

In Capri angekommen, laufen wir zur Piazza Umberto, dem Hauptplatz des malerisch gelegenen Ortes, und weiter zum Augustusgarten. Die Pflanzenvielfalt beeindruckt. An den Wegen stehen besonders viele Zitronenbäume. Es ist also nicht verwunderlich, dass die hier hergestellten Keramiken, gleich welche Form sie haben, immer wieder Zitronenfrüchte abbilden.

Es riecht aber auch nach Lavendel und Rosmarin.

Unser Weg führt an einer Parfümerie vorbei, die diese Düfte in ihren Kompositionen bevorzugt. Seife, Creme, Parfüm, Likör, Schokolade …, alles wird mit Zitrone kombiniert, im Geruch, im Geschmack, im Bild.

Zwei Angestellte versprühen Kostproben des kreierten Parfüms an meine Gäste. Ich erkläre: „Erst Führung, dann Einkauf!"

Endlich stehen wir auf dem Aussichtsplateau im Garten, der nach Kaiser Augustus benannt wurde.

Um mich herum werden Handys bearbeitet, Fotoapparate klicken und Kameras surren. Wohin zuerst? Die Fremdenführerin setzt sich durch: Zuerst der Blick zum Festland, dann zu den Faraglionischen Felsen. Erst dann kann jeder Reisende selbst zurück zur Piazza schlendern.

Ich näherte mich, soweit es hier möglich war, der abfallenden Küste. Bei uns zu Hause hatte ich schon vor Jahren in der Zeitung gelesen, dass weite Teile der Steilküste im Meer zu versinken drohen.

„An rund einem Fünftel der Küste herrsche die Gefahr von Erdrutschen und Steinschlag ... Besonders betroffen sei etwa die Südspitze …, wo die weltberühmten Faraglioni-Klippen aus dem Meer ragen." (dpa 2000)

Beim Rückweg bleibe ich an einem Kiosk stehen. Erstmals sehe ich geschälte Frigiliana (Feigenkakteen) im Angebot eines kleinen Ladens. Diese musste ich probieren!

Die Früchte sind auf eine Holznadel gespießt, und sie schmecken köstlich. Vergessen sind die Pikser, die ich bekam, als ich eine Frucht selbst pflücken wollte, deren Stacheln scheinbar ewig in meiner Haut stecken bleiben wollten.

Pünktlich war ich am Treffpunkt auf der Pizza. Alle Plätze auf den Bänken waren besetzt. Wie in Italien üblich, sind es meist ältere Männer, keine Frauen, die hier stundenlang sitzen.

Ich zähle; meine Gäste sind pünktlich. Wir laufen erneut zu den Bussen, ich zähle wieder.

Mit den kleinen Inselbussen fahren wir noch weiter hinauf nach Anacapri.

Während die Gäste am Morgen während der Fahrt noch Häuser, Elektrokarren, Gärten und die Funiva betrachteten, rückten sie unbewusst zur Mitte des Busses und hatten nur noch Augen für die engen Straßen und die couragierte Fahrweise der Fahrer.

Die Fahrstraße war 1874 in den Felsen gesprengt worden und war auch hier gerade so breit, dass zwei Busse aneinander vorbei kamen. Uns schien es Zentimeterarbeit zu sein, wir schauten gebannt auf das Straßengeschehen, denn hier kamen, im Vergleich zur Auffahrt nach Capri, die vielen Kurven hinzu und die felsigen Abhänge.

Im Ort angekommen, laufen wir alle mit dem Fremdenführer zur Villa des schwedischen Arztes Axel Munthe, d.h. wir stürmen an den kleinen Läden entlang der Straße vorbei. Für eine ruhige Betrachtung, egal wofür, muss später Zeit sein.

Die an einem Mittagessen interessierten Gäste führt der örtliche Reiseführer in eines der vielen Restaurants auf der Insel, und die übrigen Gäste haben Freizeit.
Dem Eilspaziergang gewinne ich nichts mehr ab, aber die freie Zeit nutze ich. Meist verzichte ich auf das Essen, und da kommen etwa 2,5 Stunden für eigene Entdeckungen zusammen.

Ich hatte beispielsweise von den mindestens 12 römischen Villen auf der Insel gelesen, die die Kaiser Augustus und Tiberius auf der Insel errichten ließen. Die bedeutendste soll die Villa Jovis gewesen sein.
Ganz allein machte ich mich auf den bergigen Spaziergang, und allein blieb ich auch unterwegs an diesem heißen Tag. Niemand außer mir quälte sich hier hoch. Letztendlich war ich enttäuscht. Ich fand die Überreste der Zisterne und betrachtete die übergroße Figur an der Felsenspitze. Ich traute mich nicht, allein durch diese 7 000 Quadratmeter große Ruinenfläche zu laufen. Ich wusste, die kaiserlichen Gärten hatten einst den gesamten Hügel überzogen. Davon ist nichts geblieben. Aber von den vielen Aussichtspunkten hier oben war ich entzückt.
Ich betone immer, dass ich in der Freizeit nicht hin und her hetze, sondern mir eine Sehenswürdigkeit in Ruhe ansehen möchte.
Deshalb standen die Funiva, die Zahnradbahn, die den Hafen mit dem Hauptort verbindet, ebenso auf meinem „Wunschzettel" wie die Seilbahn auf den höchsten Berg, den Monte Solaro (589 m).
Eigentlich gab es keine Notwendigkeit, die Bahnen zu benutzen. Ich wollte einfach „Landschaft gucken". Während der Fahrt mit der Zahnradbahn schaute ich in Ruhe auf die Zitronen- und Orangenbäume, auf die Straße neben mir,

die sich schmal durch enge Gassen windet, auf die Elektrokarren, mit denen alles auf der Insel transportiert wird. Selbst der Arzt und die Polizei nutzen diese Art der Fortbewegung.

Die Busse, mit denen die Urlauber transportiert werden, sind die größten Verkehrsmittel.

Mit dem Fahrer zusammen fuhr ich am Nachmittag hinauf zum Monte Solaro. Es war eine Einsitzer-Bahn, die über Wein-Terrassen in rund 12 Minuten zum Gipfel führte.

In einem älteren Reiseführer steht, dass man zum Apennin, den Abruzzen und den Bergen Kalabriens sehen könne. Welche Gipfel ich in der Ferne sehen konnte, dass weiß ich nicht, aber der weite Blick war beeindruckend.

Oben angekommen gestand ich dem Fahrer, dass ich aufgrund nicht zu überwindender Höhenangst bisher nur wenige Male in einem Sessellift gefahren war. Der große, starke Fahrer schaut mich an und sagt: „Mir geht es auch so. Meine Frau wird mir nicht glauben, dass ich freiwillig gefahren bin."

Auf der Rückfahrt nach Anacapri habe ich mich darauf konzentriert, Beweisfotos zu erstellen, mit denen der Fahrer dann zu Hause punkten kann. Ganz zum Schluss fotografierte ich, noch im Sessel der Seilbahn sitzend, meine Füße mit allem Drumherum. Das war dann mein Beweis.

Auch die sogenannte "Phönizische Treppe" wollte ich selbst kennenlernen, d.h. gehen. Diese Treppe war früher die einzige Verbindung zwischen dem Ort Anacapri und dem Meer. Die Treppe wurde, wie alle wichtigen Straßen und Wege, in den Kalkstein gehauen. Die Fremdenführerin hatte erzählt, dass die Stufen kürzlich repariert wurden. Das musste ich herausfinden. Wieder ganz allein machte ich mich auf den Weg. Die Stufen waren unterschiedlich hoch und unterschiedlich breit. Die Aussicht konnte man nur dann betrachten, wenn man stehen blieb, das Laufen war schwierig. Ein zweites Mal würde ich nicht hinuntersteigen, obwohl ich die Treppen ganz für mich hatte. Die Tagestouristen haben keine Zeit für solche Art der Spaziergänge, und die Einwohner nutzen ihr gut funktionierendes Wegenetz.

Ich glaube, dass das wirkliche Leben der Inselbewohner erst beginnt, wenn die letzte Fähre am späten Nachmittag ablegt.

Wir verlassen schon etwas früher die Insel, weil unser Programm noch einen Kurzbesuch in Sorrent beinhaltet.

IV. SPÄTE LIEBE-KROATIEN

1. Dalmatien

Als Reiseleiterin habe ich viele, viele Reisen nach Sizilien, nach Griechenland und zum Nordkap begleitet. Jedes dieser Ziele war traumhaft schön, landschaftlich und kulturell. Irgendwann, während späterer Reisen nach Kroatien, begann ich, die Reiseländer miteinander zu vergleichen und fand: Kroatien hat mit allen diesen Reiseländern etwas gemeinsam.
Für mich ist es eines der schönsten Reiseländer geworden.

Zwischen Zagreb und Karlovac ähnelt die Landschaft mit den vielen Viadukten entlang der Autobahn dem Inneren der Insel Sizilien, Macchia zu beiden Seiten der Autobahn hier wie da. Die Straße führt schnurgerade durch dünn besiedeltes Gebiet.
Es beeindruckt die Weite, die Ruhe.

Und hier, wie auch auf Sizilien, sehe ich auch abgebrannte Flächen, die absichtlich herbeigeführt wurden.
Aber die großen Waldgebiete, die im Sommer 2017 in Kroatien brannten, sind nicht gewollt.

Bei einem Aufenthalt in Alesund, einer Küstenstadt in Norwegen, begeisterte ich mich besonders für die Jugendstilbauten mit ihren verzierten Giebeln und Balkonen.
Im Zentrum von Split, am Narodny Trg, dem Marktplatz, leuchtete eine weiße, mit Ornamenten verzierte Wand eines großen Wohngebäudes in neu gewonnener Pracht in der Art des Jugendstils.

In allen genannten Ländern waren und sind historische Bauwerke Quelle neuer Bauten, und bedeutende Kalkstein- und Marmorbrüche zeigte man uns in Dalmatien ebenso wie in Griechenland.

Gleiches gilt auch für die großen und kleinen Aquädukte: Auf einer kleinen Wasserleitung wanderte ich durch die sogenannte Badewanne des Zeus zum Olymp, bestaunte das System der Leitungen in Sizilien und hörte von dem neun Kilometer langen Aquädukt, das während der Herrschaft des Kaisers Diokletian in Split gebaut wurde.

Eines der beeindruckendsten Erlebnisse in Norwegen sind die Fahrten durch die Fjorde; auch Kroatien hat einen Meereseinschnitt, der fälschlicherweise Fjord genannt wird, aber für den Betrachter wie ein kleiner Fjord aussieht. Ich könnte weitere Ähnlichkeiten anführen.
Alle diese Länder werden von Touristen geliebt, und der Tourismus ist auch eine bedeutende Einnahmequelle, egal ob nun für Hotels, Appartements oder Rooms geworben wird.

Erst zum zweiten Mal fuhr ich 2018 mit dem Bus über die relativ neue Autobahn von Zagreb nach Makarska.
Jetzt, Mitte/Ende September, beginnt die Landschaft schon die Farben des Herbstes anzunehmen. Der Ginster hat noch eine grüne, kräftige Farbe, ist aber schon verblüht. Die Früchte des Holunders leuchten mit den Blättern des wilden Weines in dunkelroter Farbe um die Wette. Rechts und links der Straße erblicke ich viele, viele Farne, einzeln stehend, aber auch auf großen Waldflächen.
Immer wieder wechseln sich die weißen Kalksteine mit der roten Erde ab. Die Autobahn führt durch Rot und Weiß.

Je weiter wir nach Osten fahren, desto steiniger scheint mir der Boden. Gleichzeitig wachsen Gebirgszüge nördlich und südlich unserer Strecke empor. Das Velebit-Gebirge, aufgetürmter Kalkstein, erstreckt sich entlang der Küste, seine Felsenspitzen sehen von weitem undurchdringlich und sehr steil aufragend aus. Sie sind es auch.

Nördlich von uns, dort, wo sich der „Nationalpark Plittwitzer-Seen" erstreckt, sind die Berge nicht ganz so hoch. Kleine Orte, kleinste Dörfer und Einzelgehöfte ziehen an uns vorbei. Das kann auch nicht anders sein, wenn, so erfuhren wir, sechzig Prozent des Landes unbewohnt ist. Mancherorts sehen die Häuser leer oder gar zerfallen aus. Das ist nicht nur eine Folge des letzten Krieges, sondern eine wirtschaftliche Überlegung. Die Menschen siedeln neu in der Nähe der Adria, finden andere, bessere Verdienstmöglichkeiten und kehren nur zeitweise zurück, um das umliegende Land zu bearbeiten oder den Sommer zu verbringen.

Nach zirka acht Stunden Fahrzeit war dann voraus das BIOKOVO zu sehen, das südlichste Gebirge Europas. Es taucht vor uns wie eine gewaltige dunkelgraue Wand auf, undurchdringlich. Aber ich weiß, dass mit dem Bau der Autobahn auch ein etwa sechs Kilometer langer Tunnel durch diese natürliche Mauer gebrochen wurde. Wenige Kilometer sind es von der Autobahn, dann befinden wir uns 1 736 Meter unter dem Gipfel des Gebirgszuges.

Die Seeseite habe ich noch in Erinnerung. Aus dem Tunnel heraus kommend, erblickt man fast sofort das Meer. Zu unserer Begrüßung glitzerte die Adria, getroffen von den Sonnenstrahlen. Dieses gigantische Felsmassiv wird in einer Höhe von 1 000 Metern von einer karstigen Hochebene abgeschlossen, die wir von unten nur erahnen können. Eine „Mondlandschaft" sei es, sagen die Menschen hier. Unsere Betreuerin im Hotel erzählte, dass es geführte Wanderungen zum Gipfel gäbe, mit dem Ziel, den Sonnenaufgang zu erleben. Da wäre ich gern dabei.

MAKARSKA heißt unser Urlaubsort, unmittelbar am Meer gelegen oder noch genauer: zwischen Meer und Gebirge. Das Schönste des Aufenthaltes war für mich die Möglichkeit, jeden Abend direkt am Ufer zu bummeln oder eben den Spazierweg unter den Bäumen entlang des Wassers zu nutzen. Hier in der Bucht war alles ruhig: kein Bora, keine laute Discomusik, aber kleine und kleinste Restaurants.

Auf den Ausflug nach OMIS freute ich mich besonders. Von Makarska fahren wir die Küstenstraße westwärts, immer 100-200 Meter über dem Meer. Die im Autoführer angekündigten Haie bekomme ich nicht zu sehen, dafür aber ein Meer, das durch die einfallenden Sonnenstrahlen silberfarben glitzert.
Die kleine Stadt liegt zwischen den kahlen Felsen des Mosor-Gebirges und der Adria. Unser touristischer Spaziergang beschränkt sich auf die verkehrsberuhigte, schmale Hauptstraße der Altstadt. Die Häuschen scheinen direkt an den Felsen geklebt zu sein, möglicherweise bestehen die Rückfronten schon aus Felsgestein. Darüber, am Berg befestigt, befinden sich zwei Reihen von starken Netzen aus Draht, die das bröselnde Gestein auffangen sollen. Und darüber erkenne ich die Reste einer alten Burg, auf der die kroatische Fahne weht.
Bei der Erläuterung hier ging die Reiseleiterin aus Kroatien auf die Bedeutung der Farben der Nationalflagge ein. Die Farbe Rot steht für die Sonne, weiß für den Kalkstein und blau für die Adria.

Aus dem zerklüfteten Felsen, der sich scheinbar schon nach vorn neigt, wachsen einzelne Mittelmeer-Pinien, Zypressen, Agaven und Feigenbäume.

Erstmals habe ich einen Zweig des hohen, wuchtigen „Pfefferbaumes" in der Hand. Wenn ich an den weichen Nadeln rieche, dann ist es eindeutig ein Gewürz. Aber niemand kennt ihn, diesen hier seltenen Baum mit den Fiederblättchen und der groben, rissigen Borke. Er steht einsam am Fluss Cetina, der auf dem Grund eines malerischen Canyons fließt. Leider trägt der Riesenbaum augenblicklich keine Früchte, aber es ist ganz bestimmt ein Pfefferbaum!

© 2019 Anita Lehmann

Omis soll im 13. Jahrhundert eine Piratenstadt gewesen sein, sogar das Zentrum der Seeräuberei. Damals wurde an der Flussmündung Zoll erhoben. Es ist geografisch eine außerordentlich günstige Stelle, denn zu beiden Seiten der Cetina erhebt sich felsiger Kalkstein und begleitet den Fluss rechts und links noch ein ganzes Stück ins Land hinein.

Im Hafen von Omis, der eigentlich nur eine Anlegestelle am Fluss Cetina war, begann unser Abenteuer „Boot". Das Gewässer war nicht zu breit, aber breiter als unsere Spreewaldfließe, und geruhsam in der Fließgeschwindigkeit. Bald schon veränderte sich die Landschaft. Nur noch auf einer Seite des Canyons erhoben sich Felsen, auf der anderen war das Land eben.

Wir hätten die Fahrt sicher mehr genießen können, wenn sich nicht das Wetter in kurzer Zeit stark verschlechtert hätte. Wind, Regen und damit verbunden sinkende Temperaturen, beeinträchtigten unser Empfinden.

In Radmanove Mln wurden wir nicht nur mit Musik begrüßt, sondern auch mit Brot, Schinken, Käse und Wein verwöhnt.

Ein idyllischer Fleck - trotz Regen.

Von hier aus könnte man weiter stromaufwärts fahren, aber unser Bootsführer musste uns, entsprechend unserem Programm, zurück nach Omis bringen.

Als wir am nächsten Tag von SPLIT nach MAKARSKA fuhren, sahen wir unzählige Beschilderungen mit der Aufschrift „Apartmani" bzw. „Apartments". In einem kleinen Ort saß sogar ein Mann auf einem Stuhl am Straßenrand nahe der Fahrstraße und hielt ein Schild mit der Zimmerwerbung in den Händen, er war also Teil seiner Werbung. Alle Städte am Meer sind touristische Hochburgen. Einen Teil des Lebensunterhaltes wird aus den Einnahmen bestritten, die aus Vermietungen resultieren.

Gern erzählte ich meiner Reisegruppe von einem besonderen Angebot für einen Tag ohne festgelegtes Programm: ein zusätzlicher Ausflug mit einem Motorschiff zu einer Inselgruppe in der Adria.

In der Nacht vor unserem geplanten Ausflug wehte der Maestral, der Schönwetter-Wind, stürmisch vom Meer. Einige Gäste glaubten schon, mit Sicherheit zu wissen, dass die Fahrt nicht stattfinden könne. Aber unser Schiff kam pünktlich. Wir würden fahren.

In der Bucht vor Makarska war der Wellengang auch erträglich, dann aber schickte uns die Besatzung „unter Deck". Die Unkenrufe wurden lauter. Sollten wir umkehren müssen? Glücklicherweise ließ der Wind ein wenig nach, und wir konnten wieder hinaus auf Deck. Bald schon schien die Sonne auf ein weitgehend beruhigtes Meer.

Unser Fahrtziel waren die beiden Inseln HVAR und BRAČ. Beide Häfen lockten mit Cafés an den „Promenaden", eine Urlaubsidylle eben. In Bol (Insel Brač) gingen die meisten Gäste zum Baden. Eine kleine Halbinsel mit einem breiten Sandstrand lockte.

Ich jedoch wollte mir ansehen, was es mit dem „dalmatinischen Baustil" auf sich hat, auf den immer wieder verwiesen wird.

Folglich bummelte ich durch die Straßen und Gassen von Bol. Hauptsächlich sehe ich Steinhäuser aus gelblich-weißem Kalkstein. Fensterläden aus Holz, ähnlich denen in der Toskana, grau, grün, braun oder blau gestrichen und vorzugsweise Steindächer bestimmen das Äußere. Ich fotografiere schlichte Balkone und solche, die kunstvoll aus Stein geformt sind.

Eine kleine Kirche mit vielleicht 20 Sitzplätzen war ebenfalls aus Kalkstein gebaut, der Giebel mit einem schlichten Kreuz und einer Glocke (kein Turm) vervollständigt den

Eindruck, dass hier keine andere Kirche stehen sollte, sondern genau diese. Sie beeindruckt durch Einfachheit und Klarheit, hervorgerufen durch die weißen Kalksteinblöcke. Selbst die Begrenzungen der Straßen oder des Besitzes sind aus hellem Kalkstein.

Und - aus den Steinbrüchen von Brač kommt auch das Material für den bekannten Schmuck, die Bračer Halsketten. Runde Steinkügelchen werden auf ein Schmuckband aufgefädelt, das wiederum aus den verschiedensten Materialien gefertigt werden kann. In den Geschäften an der Makarska sind sie überall präsent.

Das Fazit meines kleinen Rundganges:

Der dalmatinische Baustil vereint gotische, venezianische und byzantinische Elemente. Alles das habe ich gefunden, nachdem ich gelesen hatte, wonach ich suchen musste. Ich finde den Baustil licht und hell, und vor allem genau in die Landschaft am Meer und im Meer passend.

Auf der Rückfahrt erblicken wir den mit 778 Metern höchsten Gipfel aller Adriainseln, wir sehen Wein- und Olivenplantagen, Schafe und auch reges Baugeschehen, das vermuten lässt, dass sich in wenigen Jahren größere Veränderungen auf der Insel vollzogen haben werden.

Zum Programm gehörte noch der Ausflug nach DUBROVNIK.
Wir erwischten einen der seltenen Regentage des Sommers.
Am späten Nachmittag schien dann doch noch die Sonne, aber der Wind von der Adria war so stark, dass ich meinen Plan, mit der Schwebebahn auf den Sergius Berg zu fahren,

nicht verwirklichen konnte. Die Bahn hatte den Betrieb eingestellt.

Also bummelte ich zu Fuß durch die Stadt, die ich schon vor Jahren kennengelernt hatte.

Viel hatte sich verändert; der Krieg war optisch nicht mehr präsent. Auch die Stadtführerin sprach nicht mehr darüber, so als hätte es ihn nicht gegeben. Ich erinnere mich jedoch an die Bilder an den Fassaden der Stadt, an Einschusslöcher…

Ich will erinnert werden.

Beim Aufstieg zur Festungsmauer bemerkte ich, auf die Altstadt blickend, dass die Dächer der Altstadt neu gedeckt worden waren, mit orangefarbenen und roten Ziegeln. Ein rotes Dächer-Meer.

Immer wieder blieb ich stehen, um durch die schmalen Gassen nach unten zur Altstadt zu blicken: Blumen ranken von den Balkonen, Wäsche flatterte von den im Süden üblichen Doppelleinen, Stühle und kleine Tische wiesen auf kleinste Restaurants hin.

Weiter lief ich Richtung Pile-Tor, um an der nächsten Treppe erneut Richtung Altstadt zu schauen.

Ohne bewusst das kleine Restaurant zu suchen, wo ich schon einmal saß, stand ich wieder davor. Natürlich nahm ich Platz. Gerade zum richtigen Zeitpunkt. Ein Regenguss ging nieder, ich aber saß, geschützt durch einen „Sonnenschutz", im Trocknen.

2. Olivensonntag in Opatija und das Ende der Reise im Krankenbett

„Olivensonntag"? In Kroatien?
Dieser Tag ist in Deutschland mit dem Palmsonntag zu vergleichen. Als geführte Reisegruppe liefen wir am späten Vormittag entlang der Promenade in OPATIJA.
Immer wieder kamen uns Einwohner entgegen, die einen oder mehrere Olivenzweige trugen. Worüber wir als Gäste staunten, ist hier im katholischen Kroatien jährlicher Brauch zum Feiertag.

Welche Bedeutung haben die Olivenzweige?
Meine diesbezügliche Frage konnte nicht beantwortet werden. Also kann ich nur vermuten: Vor Ostern, als Jesu in der Karwoche in Jerusalem einzog, breiteten die Bewohner Palmblätter auf den Straßen aus. Und in der Gegenwart begrüßen die Gläubigen an diesem Tag Jesu eben mit Olivenzweigen. Diese sind immer und für jeden Einwohner erreichbar, zu kaufen oder sie sind von den eigenen Bäumen.
Kurz vor Ostern blühen hier im Kurpark schon die Mimosen. Im kleinen Pavillon kann man verschiedenfarbige Hibiskus-Pflanzen in mehr oder weniger großen Töpfen bewundern und sogar kaufen. Vor der Villa „Angelina" haben Gärtner einen Blumenteppich aus Frühblühern gepflanzt.
Gemeinsam spazierten wir durch die wunderschöne Parkanlage zum kleinen Hafen von Opatija.
Das sonnige Frühlingswetter wollten wir nutzen und mit einem kleinen Ausflugsboot entlang der Kvarner Küste fahren.
Eine malerische Kulisse bot sich unserem Blick. In südliche Richtung fahrend, konnten wir die Vielzahl der Hotels

unmittelbar an der Küste betrachten. Dahinter erstreckten sich die Wohnhäuser an den Hängen des Gebirgsmassivs Učka. Der Wald trug noch die verschiedenen Brauntöne des Winters, nur erste grüne Flecken waren dazwischen zu sehen. Ich weiß, dass sich da oben in den Bergen Edelkastanienwälder befinden, denn ein Höhepunkt des touristischen Jahresverlaufs ist nach der Ernte der Maronen die sogenannte „Marunada", ein gastronomisches Fest im Oktober.

Den Fischerhafen von Ičiči sahen wir nur im Vorbeifahren, unser Schiff ging erst nach etwa einer halben Stunde im nächsten Fischerort, Lovran, vor Anker.

Ich verzichtete auf die Erkundung des Ortes, sondern genoss die Sonne und einen Cappuccino (oder anders herum) und blickte hinauf zum Vojak, das ist die höchste Erhebung des Gebirgszuges.

Vor vier Jahren hatte ich schon einmal den Auftrag übernommen, eine sächsische Reisegruppe nach Opatija zu bringen.

Der mir bis dahin unbekannte Fahrer fuhr ausschließlich nach Navigationssystem und war erstmals in Kroatien. Deshalb waren wir beide froh, bei Anbruch der Dunkelheit am Zielort angekommen zu sein. Beide wussten wir, dass unser Weg hinunter zum Meer führen musste. Auch der Wegweiser mit dem Zeichen für das Zentrum war eindeutig. In diesem Augenblick - den ganzen Tag nicht - griff der Fahrer zum Mikrofon und bedankte sich bei den Gästen, warum auch immer. Und er fuhr am Abzweig vorbei. Ich war erschrocken, aber es gab noch eine zweite Abfahrt, wo auf das Zentrum verwiesen wird. Aber auch da fuhr er vorbei.

„Wir müssen von der Straße runter", das war mein erster Gedanke, denn ich war sicher, dass diese Straße direkt zum mautpflichtigen, über fünf Kilometer langen Učka-Tunnel führte, dem mehrere Viadukte über einen Taleinschnitt auf die andere Seite des Massivs folgten.

Aber so schnell kam keine Abfahrt. Nach gefühlt langer, langer Zeit sahen wir dann einen Hinweis. Der Fahrer reagierte schnell, aber nach wenigen Metern standen wir vor einer Brücke, die für unseren Bus zu niedrig war.

Jetzt ging es weder vor noch zurück. Hatten wir eine mögliche Höhenangabe übersehen? Oder gab es hier keine, weil ohnehin nie ein Bus hier entlang fuhr? Klar war, wir mussten zurücksetzen, obwohl wir es verkehrsrechtlich sicher nicht tun durften. Aber wir sahen keine andere Möglichkeit.

Und auch später, als ich darüber nachdachte, fiel mir nichts anderes ein.

Glücklicherweise kam während dieser Zeit nicht ein einziges Auto.

Kurze Zeit später, nachdem wir weiter gefahren waren, sahen wir erneut eine Abfahrt, noch immer vor dem Tunnel und garantiert ohne Höhenbegrenzung. Jetzt also galt es! Mit Entsetzen sah ich, dass wir schon ziemlich weit oben im Massiv waren.

Alle Aufmerksamkeit galt nunmehr der Abfahrt durch kleine Gebirgsdörfer und über schmale Straßen. Ich fürchtete immer, dass an der nächsten Kehre ein Verbotsschild stehen könnte, gab mir aber alle Mühe, ruhig und gelassen zu erscheinen.

Etwa 45 Minuten dauerte unser Abenteuer und gleichermaßen die Verspätung im Hotel.

Heute, beim Hinaufschauen zum Gipfel, belächelte ich meine damaligen Gefühle.

Heute war ich ganz entspannt.

Heute konnte ich die Sonne und den Ausflug genießen.

Während die ersten drei Reisetage sonnig und warm waren, veränderte sich das Wetter schlagartig bei unserem Ausflug in den Süden der Halbinsel.

Als wir in PULA den Bus verließen, begann es zu regnen. Aus den ersten zaghaften Tropfen wurde ein Wasser-Guss. Trotz Schirm und firmeneigener Regenjacke, die jedoch den Regen nicht aufhalten konnte, war ich nach kurzer Zeit völlig durchnässt. Ich spürte, wie die Nässe den Rücken hinunter lief. Die Ärmel des Pullovers klebten an der Haut. Missmutig stellte ich für mich fest: Da musst du durch! Den meisten Gästen erging es ähnlich.

Die echte Entdeckerfreude blieb aus, wir liefen hinter der örtlichen Reiseleiterin her, waren aber mehr mit dem Regenschutz beschäftigt als mit der Historie Pulas. Ehrlichen Herzens bewunderte ich unsere Reiseleiterin, die professionell weiter durch die Stadt ging.

Glücklicherweise hatte ich im Bus das einknöpfbare Futter der Jacke liegen. Ich wusste also, ich würde etwas Trockenes anziehen können, mir würde es bald besser gehen. Auch die Gäste waren erfinderisch.

Beim gemeinsamen Mittagessen konnten wir schon wieder über unsere Regengeschichte lachen.

Leider vergehen die Tage in Istrien immer sehr schnell.

Es gibt einen Spruch: Das Beste kommt zum Schluss. Für mich galt das diesmal leider nicht.

Unsere Heimreise wurde schon am Morgen aufgrund vieler Staus unerfreulich, und dann passierte es:

Etwa vier Stunden nach unserer morgendlichen Abfahrt in Opatija standen wir in Kärnten kurz vor einer Tunneleinfahrt erneut im Stau. Ich nutzte die Gelegenheit, um den Gästen etwas zu trinken anzubieten. Gerade war ich fertig geworden, als sich die Autoschlange wieder in Bewegung setzte. Der Fahrer machte mich aufmerksam: „Achtung! Es geht wieder los."

Noch zwei Sitzreihen der Gäste und zwei Stufen trennten mich von meinem Sitzplatz neben dem Fahrer, als ein schwarzer PKW, von rechts kommend, in den Sicherheitsabstand fuhr und der Bus eine Notbremsung einleitete.

Obwohl ich mich am Haltegriff des neben mir befindlichen Sitzplatzes mit beiden Händen festhielt, war der Druck so groß, dass mein Körper ungewollt eine halbe Drehung machte und ich danach rückwärts dem Fahrer zu Füßen fiel. So schnell als möglich versuchte ich, auf meinen Platz zu krabbeln, denn der Fahrer fuhr bereits durch den Oswaldi-Tunnel und hatte keine Möglichkeit, mir aufzuhelfen.

Um erst einmal die Gäste zu beruhigen, griff ich zum Mikrofon und informierte: „Mir ist nichts passiert. Der Fahrer kann nichts dafür."

Die wiederholten Nachfragen bei den Gästen ergaben, dass alle angegurtet waren und sich nur ein Fotoapparat selbständig gemacht hatte und von der hintersten Reihe bis nach ganz vorn gerutscht war.

Für mich ging die Notbremsung nicht so glimpflich ab. Von Stunde zu Stunde schien mein gesamter Körper anzuschwellen, steifer zu werden. In der Heimatstadt angekommen, konnte ich zwar aus dem Bus aussteigen, aber in ein normales Taxi kam ich nicht mehr hinein.

Ich wartete, bis alle Gäste auf dem Heimweg waren. An eine Gehirnerschütterung oder einen Rippenbruch glaubte ich nicht, aber die Prellungen schmerzen. So stand ich, weit nach Mitternacht, auf dem Parkplatz und konnte mich nicht mehr rühren. Der Fahrer rief einen Krankenwagen. Ich protestierte zwar, aber es gab keine andere Lösung. So landete ich rechtzeitig zum Osterfest in der Notaufnahme.

Es war dann vier Uhr morgens, als ich in ein Krankenzimmer geschoben wurde, hungrig, frierend und unendlich müde. Als eine nette Krankenschwester fragte, ob sie noch etwas für mich tun könne, bat ich nicht um ein Schmerzmittel, sondern um eine Scheibe Brot.

Nach zahlreichen Röntgenaufnahmen kamen die Ärzte zu dem Schluss, dass ich großes Glück gehabt hätte, vom Kopf bis zu den Füßen war wirklich alles „nur" geprellt. Die Schmerzen wurden durch Tabletten eingeschränkt, ich konnte auch von Anfang an laufen.

Aber es fiel mir schwer, von der liegenden in die sitzende Position zu kommen und umgekehrt. Im Krankenhaus gibt es dazu ein Gestell, welches hinter bzw. über dem Bett angebracht war und einem Galgen ähnelt.

Nach fünf Tagen wurde ich nach Hause entlassen, war aber nach wie vor in meinen Bewegungen eingeschränkt. Vor allem konnte ich nicht in einem normalen Bett schlafen, ich hätte niemals allein aufstehen können. Also? Wir Frauen sind doch einfallsreich. Ich besitze noch ein Sofa mit Rückenlehne, eine sogenannte Klappliege. Um diese Rückenlehne wickelte ich nun waagerecht meine Wäscheleine, und an der hangelte ich mich, immer weiter nach vorn greifend, mit den Händen entlang.

Erst zirka vier Wochen später konnte ich ins Schlafzimmer wechseln, nicht ohne vorher im Familienkreis das Aufstehen aus einem normalen Bett probiert zu haben.

Dieses schmerzliche Erlebnis ändert nichts an meiner Reiselust, wenn auf dem Terminplan steht: Kroatien.

2. Kennen Sie Baška?

Zeit: Mitte April
Ziel: Insel KRK
Temperatur in Deutschland: 11 Grad, vor Ort: 23-25 Grad
Fahrtdauer: 17 Stunden (mit Pausen), d.h. Abfahrt 5.00
Uhr, Ankunft 22 Uhr.
Es ist selten, dass bei meinem Veranstalter eine kleinere
Reisegruppe die Fahrt antritt, meist sind es volle Busse mit
48 Gästen.
Vielleicht haben die potentiellen Bucher noch nicht daran
glauben können, dass der Frühling schon vom Vorsommer
verdrängt wird. Jedenfalls sind es nur 29 Gäste, die sich im
ganzen Bus verteilen.
Unser Ziel war die Insel KRK. Unser „Hotel Corinthia"
befindet sich im südwestlichsten Zipfel der Insel, in dem
Touristenort BAŠKA.
Es ist mein zweiter Besuch in dem kleinen Urlaubsort, der
etwa 20 Minuten Fahrtzeit vom Hauptort Krk entfernt ist.
Beim ersten Aufenthalt hatten wir nur ein halbes Stünd-
chen Zeit, um am Strand entlang zu bummeln. In Erinnerung blieben mir von dieser kurzen Zeit nur der lange
Strand mit den runden Kieseln und der Blick auf den beeindruckenden Gebirgszug in der Ferne, auf dem Festland,
das sich in unendlicher Länge erstreckende Velebit-Gebirge (195 km).
Nun aber sollte Baška das Urlaubsdomizil für fünf Nächte
sein. Das Hotel beeindruckt durch seine Größe, steht in
einer gepflegten Anlage und bei der Anfahrt hat man den
Blick auf eine Bergkulisse. Um alles das näher zu betrachten, haben wir am Abend bei der Ankunft keine Zeit.
Die Koffer werden in der Hotelhalle abgestellt, um nach
dem Essen in Ruhe die Zimmer zu beziehen.
Ich stehe neben der Rezeption:

29 Gäste reisten in unserem Bus. Ein Koffer und eine einzelne Frau blieben übrig.
Frau und Koffer gehörten jedoch nicht zusammen.
Noch standen alle Gäste an der Rezeption. Ich bat sie, ihre Koffer anzuschauen und zu prüfen, ob sie wirklich den eigenen Koffer mit sich führen. Kein Gast reagierte, alle stiegen in den Lift oder zogen ihre Koffer zur Treppe.
Übrig blieben die beiden, die nicht zusammengehörten - Frau und Koffer.
Im Beisein der Mitarbeiter in der Rezeption öffnete ich an einer Seite den Reißverschluss, obenauf lag ein grüngestreifter Schlafanzug. Der Besitzer war also männlich.
Eine Viertelstunde später, ich hatte den namenlosen Koffer in der Rezeption abgegeben, meldete ein allein reisender Herr den Verlust und brachte auch den „ausgeborgten" Koffer zurück.

Am darauffolgenden Morgen begannen wir mit unseren Ausflügen auf der Insel und in der Region. Unseren ersten Urlaubstag wollten wir auf der Insel RAB verbringen.

Bei unseren Ausflügen mussten wir jeweils quer über die ganze Insel Krk fahren (etwa 85 km), um die Fahrstraße entlang der Küste Richtung Senj/Rab zu erreichen.
Die Insel Krk ist seit 1980 mittels einer Brücke mit dem Festland verbunden. Dort, wo es also bisher nur Fährverbindungen gab, passieren nun Einwohner und Gäste die 1 430 Meter lange Brücke.
Bei unserer Ankunft am späten Abend des vorangegangenen Tages war die Brücke unspektakulär, in keiner Weise in Szene gesetzt.
Heute, am Morgen, bei Sonnenschein, fahren wir zu der Stelle, wo früher eine der drei Fährverbindungen ihren Hafen hatte. Von dort hat man den besten Blick auf die zwei

Brückenbögen, die durch eine unbewohnte Insel in der Mitte miteinander verbunden werden.

Auf dem Weg dahin sind wir an einem Lavendel- und Schafgarbe Feld vorbeigefahren.

Ich hatte die Plantage schon gesehen, als sie vor zwei oder drei Jahren angelegt wurde. Ein einzelner Bauer bearbeitete mit einer Hacke das steinige und augenblicklich sehr trockene Land. Auf meine Frage bezüglich der sonderbaren Kombination der Pflanzen erfuhr ich, dass hier Rohstoffe für Kosmetik gewonnen werden.

Auf der Straße entlang des Velebit Kanals erlebte ich zum wiederholten Male einen Bora-Wind (Fallwind) in Aktion. Ich sah, wie der "Fahrer am Rad drehte", drehen musste, wie der Wind, von den Bergen kommend, unseren Bus mächtig bedrängte. Wir hörten sogar, dass zwischen Rab und den sich weiter südlich befindenden Orten keine Doppelstockbusse mehr fahren durften.

Vor vielleicht einem Jahrzehnt war ich einmal hier, als der Bora so stark wehte. Es war eine sogenannte Saisonabschlussfahrt, und es fuhren mehrere Busse eines Reiseveranstalters mit dem gleichen Ziel hintereinander.

Der Wind blies so stark, dass bei einem unserer Busse die Dachluke abgerissen und vom Wind in eine Schlucht geweht wurde. Sie konnte nicht geborgen werden. Außerdem regnete es. Die im Vorderteil dieses Busses sitzenden Gäste wurden auf Restplätze in den anderen Bussen aufgeteilt, und das entstandene Leck wurde notdürftig zugeklebt. Glücklicherweise betraf es nicht meinen Bus, aber durch die Aufnahme der „fremden Gäste" waren wir doch beteiligt.

Die Straße führt durch Kalkstein, Felsen aus Kalkstein rechts und Felsen aus Kalkstein links. Nur die Farben des Gesteins unterscheiden sich. Mal ist er grau, mal mehr ins Weiße gehend und in vielen Farbtönen rot. Der Boden zu beiden Seiten ist karstig und unfruchtbar, vor allem aber bröckelt er. Die Steine liegen überall an und auf der Fahrstraße. Mit kilometerlangen Stahlnetzen, die unmittelbar über dem Boden noch mit Steinen beschwert sind, versucht man, das Schlimmste zu verhindern. Trotzdem sehen wir überall größere und kleinere Abbrüche. Straßenarbeiter mit Besen und Schubkarre müssen helfen, die wichtige Straßenverbindung aufrecht zu erhalten. Wir staunten sehr darüber, dass hier keine Maschinen eingesetzt wurden.

Kroatien ist ein steiniges Land.
Steine gibt es in allen Größen. Auf der Fährfahrt zur Insel RAB sah das Gestein aus wie bröckelnde Hefe, nicht einmal einzelne Büsche wuchsen zur Wasserseite.

Anderntags, während eines kurzen Ausfluges mit dem Schiff zur Insel der Weißkopfgeier, war das Gestein sowohl längs als auch quer gezeichnet, farblich meist ins Gelbe gehend. Da Ebbe war, schimmerten die Kalksteine kurz über dem Wasser moosgrün bzw. schlammfarben und schwärzlich. Dabei bildete das Gestein eine senkrechte Wand.

Entlang der zu fahrenden Straße wächst zwischen den Steinen die Macchia, hauptsächlich sind es Steineichen.

Judasbäume und Wolfsmilch blühen in kräftigen Farben lila und weiß. Dazwischen stehen immer wieder Büsche der Tamarisken, regelrecht zart wirken ihre rosa Blüten. In den Orten blühen Tulpenbäume, Glyzinien, der Judasbaum und der Flieder. Ich entdeckte sogar einen Paternosterbaum mit den braunen Früchten, aus denen in früherer Zeit Rosenkränze gefertigt wurden.

Die Kombination der verschiedenen Farben des Kalksteins mit dem frischen Grün von Pflanzen und Bäumen begeistert uns immer wieder.

Am meisten faszinieren mich die Steinmauern, die von Menschenhand überall im Land gebaut wurden.

Vor Jahrzehnten, Jahrhunderten, haben die hier lebenden Bewohner die Erde fruchtbarer machen wollen; sie bauten aus der Unmenge von herumliegenden Steinen Trockenmauern, mitunter auch zum Zweck der Abgrenzung des Besitzes oder als unüberwindlichen Zaun für die Schafe. Die nun gewonnene Fläche konnte besser genutzt werden. Viele dieser Steinmauern sind „kunstvoll" gebaute, wo aus meiner Sicht die äußeren Seiten fast gerade Flächen bilden, aber es gibt auch einfach übereinander gestapelte Steinberge, neu gebaute und auch zerfallene Mauern. Ich sah auch kreisrunde Steinmauern, die eine innere grüne Mulde umgaben.

Das System der Mauern, ihr Abstand, ihre Höhe, ihre Zeichnung generell, erschloss sich mir nicht. Ich nehme einfach an, dass sie dort entstanden, wo der Mensch den Platz brauchte. Das Landschaftsbild Kroatiens hier an der Küste bestimmen sie auf jeden Fall.

Ein Tagesausflug geht nach RAB, zur Insel und zur Stadt gleichen Namens. D.h. wir werden etwa 15 Minuten mit der Fähre unterwegs sein.

Ich habe Firmengeld und muss die Fährtickets vor Ort bar bezahlen. Natürlich gebe ich mir alle Mühe, fehlerfrei englisch zu sprechen, doch mein Gegenüber hinter der Glasscheibe fragt immer wieder nach. Ich wundere mich zwar, aber antworte brav. Das Frage-Antwort-Spiel zieht sich, bis er schmunzelnd fragt: „Und warum sprechen Sie nicht deutsch?" Ich war beschämt, dass ich nicht daran gedacht hatte, dass die Mehrzahl der im Tourismus Tätigen deutsch spricht.

Während der Überfahrt schaue ich abwechselnd auf den hohen Gebirgszug jenseits des Velebit-Kanals und auf die felsige Insel vor mir.

Sonnenschein und blauer Himmel, aber auch der Wind begleiteten uns. Der Ort selbst ist windgeschützt, wir können also ohne Bora die Stadt entdecken.

Als wir uns danach zum angegebenen Zeitpunkt trafen, bemerkten wir sofort, dass unser Bus vorn nach unten hing. Was passiert war, wusste selbst der Fahrer nicht genau. Dass ein Werkstattbesuch notwendig war, sah jeder. Aber erst im Bus spürten wir das ganze Ausmaß des Defekts. Wir hofften, wenigstens die nicht ganz zehn Kilometer entfernte Fähre zu erreichen, um aufs Festland zu kommen.

Langsam, langsam und holpernd kamen wir voran. Die Fähre wartete ein paar Minuten mit der Abfahrt. Das genügte, um während der Überfahrt eine „Strategie" festzulegen, wie weiter verfahren werden sollte. Unzählige Telefonate mit den Verantwortlichen in der Heimat, Werkstätten und wieder Verantwortlichen des Herstellers folgten. Währenddessen hoppelten wir nun doch heimwärts ins Hotel. Ich hatte es ausprobiert: Im hinteren Teil des Busses war das schlagartige Auf und Ab nicht so derb. Also baten wir, dass sich die Gäste, die aus den verschiedensten Gründen empfindlich waren, sich in dem Bus nach hinten setzen. Glücklicherweise haben wir ja genügend Platz. Allmählich begannen wir, Witze über unsere Fahrt zu machen, immer hoffend, dass wir noch im Hotel „einreiten" können. Zwar nicht so schnell, aber wir kamen an.

An dieser Stelle muss ich gestehen, dass Rab für mich ein wenig zu „brav" ist.
Der Reiseleiter hatte uns mit der Geschichte und den Bauten vertraut gemacht. In der folgenden Freizeit laufe ich entlang der blitzsauberen Hafenbucht, dann durch die Straßen mit den vielen kleinen Läden, steige noch einmal eine von mehreren Quergassen hinauf zu einem Turm aus dem 13. Jahrhundert.
Gleich mir bummeln viele Urlauber durch den Ort, werden mit Bussen gebracht und so wie ich fahren sie nach wenigen Stunden wieder zurück.
Oder aber sie wohnen in einem der Hotels auf der Insel.

Am nächsten Morgen brachte uns der Bus noch in die Stadt KRK zum Stadtrundgang, bevor er Richtung Opatija zur Werkstatt fuhr.
Was ist mir vom Stadtrundgang in Krk geblieben?

© 2019 Anita Lehmann

Touristisch gesprochen ist es meine „Top-Destination". Hier finde ich alles, was mich interessiert. Ich höre von der Historie des Fürstengeschlechts der Frankopan, stehe vor dem Kastell aus dem 12.-14. Jahrhundert, bestaune den Glockenturm mit der zwiebelförmigen barocken Turmspitze aus dem 16. Jahrhundert, das Stadttor und, und, und...

Es gibt eine Vielzahl von Resten alter Bollwerke, die vom 1. Jahrhundert v.u.Z. bis zu dem Zeitpunkt, als Venedig die Vorherrschaft verlor, gebaut wurden.

Gut gefällt mir die Entscheidung der Stadtväter, die dunkelrote Farbe, die die Venezianer bevorzugten, einheitlich für Jalousien, Wegweiser und andere touristische Hinweise einzuführen. Dadurch erhält das Straßenbild etwas Seriöses, Festliches.

Schmale Straßen und enge Gässchen zeigen wie überall in Kroatien an, dass man auf engstem Raum bauen musste.

Trotzdem durfte nur zweistöckig gebaut werden. Alle Dächer sind mit roten Ziegelsteinen gedeckt, eine rote Insel.

Jeder Platz wird genutzt. Es gibt viele kleine Läden, in denen man schauen und kaufen kann.
Obwohl belebt, ist der Hafen für mich perfekt zum Bummeln: Blumenrabatten am Ufer, alte Bäume, Boote in gelb, blau, rot und weiß, Markttreiben, Verkaufsstände mit Oliven-, Lavendel- und Honigprodukten. Eis... Eben ein buntes Bild der Stadt.

Obwohl ich nur ganz wenig Zeit hatte, wollte ich unbedingt das in der Tourismusbroschüre erwähnte „Römische Mosaik" sehen. Ich stürzte los, hatte in meiner Aufregung sogar eine Gasse/Straße übersehen, musste noch einmal fragen, obwohl das entsprechende Haus nur um die Ecke war. - Und dann stand ich vor verschlossener Tür, Handwerker verneinten gleich bei meiner ersten Frage.
Aber ich werde noch einmal hierher kommen, und dann werde ich mir „Triton" ansehen, „um welchen Delfine und andere Meereswesen tanzen" (aus der Tourismus-Broschüre). Das Mosaik ist aus dem 1. Jahrhundert, dennoch, oder vielleicht gerade deshalb, ist es stark in seiner Ausdruckskraft. Beeindruckend ist die Akkuratesse der kleinen Steinchen innerhalb des Mosaiks, also das handwerkliche Können.

Ich hatte bereits mehrfach das Glück, grandiose Mosaiken zu betrachten. Die meisten und bedeutendsten sah ich auf Sizilien. Seit 1881 gab es dort Grabungen, die eine verschüttete Grundbesitzervilla zutage brachten, die „Villa del Casale", eine antike Villa, bei deren Betrachtung das Leben der Menschen vor 1 700 Jahren vor dem inneren Auge entsteht. Hauptsächlich waren es Jagdszenen oder solche, die im weitesten Sinne mit der Jagd zu tun hatten. Ein besonderes Bild hat sich mir eingeprägt. Es trägt den Titel „Bikinimädchen"; junge Frauen bewegen sich im roten Zweiteiler scheinbar sportlich. Die Leichtigkeit der Bewegungen, ausgedrückt in der Kunst des Mosaiklegens, ist bis heute spürbar.

Zur Weiterfahrt steht uns ein Bus der eigenen Firma zur Verfügung, dessen Gäste an diesem Tag den Bus nicht benötigen.

Am Nachmittag, nach dem Besuch von VRBNIK, ein auf einem Felsen gelegener Ort mit dem kleinsten Tor und dem schmalsten Mauerdurchgang, steht unser reparierter Bus wieder auf dem Parkplatz.

Viel gebaut wird überall in Kroatien, selbst hier, wo uns scheint, dass die meisten ehemaligen Einwohner den Ort verlassen haben und nur noch zum Urlaub zurückkehren oder ihre Wohnungen im Sommer vermieten. Hoch gelegen, mit malerischen Blicken auf die Kvarner Bucht ist Vrbnik einen Besuch wert.

Enttäuscht war ich darüber, dass ich meinen Urlaubsort Baška und die unmittelbare Umgebung nicht kennenlernen konnte.

Wir fuhren in sechs Tagen 3 700 Kilometer, ich saß rund 70 Stunden im Bus, aber der Urlaubsort blieb mir fremd.

Eine Chance hätte ich gehabt, wäre ich morgens vor 7.00 Uhr oder abends nach dem Essen losgegangen.

Schade!

Ich weiß nicht, ob meine Gäste ebenso dachten. Ich hütete mich, ein diesbezügliches Gespräch anzufangen.

4. Die Plittwitzer Seen

Bei fast allen Kroatien-Rundfahrten gibt es den Ausflug zu den Plittwitzer Seen. Dieses Areal ist der älteste National- park Kroatiens; er wurde 1979 zum Weltnaturerbe der U- NESCO erklärt.

Relativ früh fahren wir auf Krk los, zuerst natürlich aufs Festland, dann immer ostwärts entlang der Küstenstraße bis Senj.

Nach kurzer Pause kehren wir dem Meer den Rücken zu und folgen dem Straßenverlauf Richtung Gebirge. Der Bus klettert mit jeder Kurve, mit jeder Kehre, hinauf zum Pass Vratnik (700m). Wir genießen den Blickwechsel zwischen Meer und Fels.

Der Fremdenführer verweist auf einen Ort, der nur von einem einzelnen Einwohner in einem einzigen Haus be- wohnt wird. Aber es gibt ein Ortsschild am Anfang und eins am Ende, es ist folglich wirklich ein „Dorf".

Nach Erreichen des Passes durchfahren wir eine teilweise landwirtschaftlich genutzte Ebene, kleine Orte und Einzel- gehöfte, die auch die Region des letzten Krieges 1991-1995 waren.

Mir fällt es schwer, über diesen Krieg zu sprechen bzw. zu schreiben. Er ist mir noch so nah. Trotz aller meiner sach- lichen und fachlichen Bemühungen kann ich ihn auch nicht verstehen. Deshalb zitiere ich die Formulierung von „alltours", einem Reiseveranstalter.

In dem Prospekt in der Hotelmappe steht folgendes:

„Die innere Spannung, die sich zwischen den einzelnen Volksgruppen gebildet hat, entlädt sich 1991 mit Wucht und unnachgiebiger Dramatik in einem schrecklichen Krieg, deren Folgen teilweise noch heute (2018) sichtbar sind."

Wir durchfahren die Region, in der die Kämpfe stattfanden. Die zerschossenen Häuser, die Ruinen sind zum Teil noch erhalten; sie werden wohl als Erinnerung und Mahnung bleiben.

Aber hier oben in den Bergen gibt es nach mehr als einem Vierteljahrhundert auch Neues, die Zeit ist nicht stehen geblieben.

Die kleinen Orte sind gepflegt. Die vom Krieg beschädigten Häuser werden zum Teil auch abgerissen, wenn die Besitzverhältnisse nicht geklärt sind. Oder aber sie werden saniert, wenn die Bewohner sich verpflichten, mindestens fünf Jahre darin zu wohnen.

Bei dem heutigen Ausflug zu den PLITTWITZER SEEN war alles anders als gewohnt.

Schon am Morgen war es heiß, drückend heiß. Etwas mehr als drei Stunden waren wir unterwegs, um den Nationalpark zu erreichen. Wie immer war ich begeistert von der mich umgebenden Natur; Bergwiesen voller Hahnenfuß, regelrecht gelbe Flächen, tauchten auf. Dann wieder fuhren wir an unendlich vielen weiß blühenden Holunderbäumen vorbei.

Ich dachte sogar daran, wie viele Mengen Holundergelee ich daraus bereiten könnte und machte die Gäste mit dem Rezept vertraut.

Die Bauern nutzen die touristischen Strecken und verkaufen an der Straße ihre Produkte, hauptsächlich Honig, Schnaps und Käse. Ich habe es so verstanden, dass die zum Verkauf angebotenen Produkte aus mehreren kleinen Dörfern stammten.

Endlich, der Nationalpark.

Die sich uns bietende Landschaft ist beeindruckend.16 verschieden große Seen sind durch Wasserfälle und Überläufe miteinander verbunden. Gleich hinter dem von uns gewählten Eingang haben wir einen Blick hinunter in ein Tal, das sich zwischen hohen bewaldeten Felsenbergen befindet. Gleich mehrere Seen spiegeln ihr Wasser im Sonnenlicht. Das Farbenspiel des Wassers, hauptsächlich grüne Farbtöne , beeindruckt mich.
Wie alle anderen Gäste greife ich auch zum Fotoapparat.

Die Namen der Seen habe ich vergessen, aber das sich mir bietende Bild werde ich im Gedächtnis behalten.
Im Nationalpark gibt die verschiedensten Spazier- und Wanderrouten, die wir den Gästen schon während der Fahrt erläuterten. Wir boten immer eine kürzere und eine etwas beschwerlichere Route an.
Die örtlichen Führer müssen bei ihren Festlegungen beachten, dass der Park „lebendig" ist.

Im April wurden während der Schneeschmelze die oberen Seen gesperrt, ein andermal war ein Travertin-Damm zwischen zwei Seen gebrochen, es gab Hochwasser im geplanten Wanderbereich, und heute waren durch Baumaßnahmen am Beginn des Wanderweges Veränderungen notwendig.

Nicht einer der Gäste entschied sich für die leichtere Variante. Hatten sie nicht zugehört? Oder überschätzten sie sich?

Bisher hatte ich die Wanderer des kürzeren und leichteren Weges zu betreuen. Das war immer eine zweistellige Zahl. Diesmal also nicht.

Nach nur 100 Metern gaben zwei Ehepaare den Wanderversuch auf. Ich kam doch noch zu meiner leichteren Variante. Wir fuhren einen Teil der Strecke mit dem Shuttle. Am oberen Ausstieg angekommen, hatten die Gäste meiner kleinen Gruppe Zeit, um entlang eines Sees zu gehen, kleinere Wasserfälle aus der Nähe zu erleben oder einfach nur im Grünen zu sitzen und die Natur zu genießen.

Alles war gut. Noch!

Zum festgelegten Zeitpunkt, am Ende der Wanderung, fehlte ein Mann. Mit seinen 79 Jahren gehörte er zu den ältesten Gästen meiner Gruppe. Dann hörte ich noch von den wartenden Gästen, dass er vor wenigen Jahren eine Herz-Operation gehabt hätte. Ich begann, mir Sorgen zu machen.

Was war passiert? Die Wanderleiterin berichtete, dass er mit der Strecke überfordert gewesen war, dass er die Wanderung abgebrochen habe und allein zurück gegangen sei. Er musste sich also verlaufen haben und irrte irgendwo im Canyon umher. Passiert war sicherlich nichts, dass hätten die Naturpark-Ranger gewusst. Der Gast hatte auch meine private Telefonnummer, aber er rief nicht an, auch nicht das Hotel, auch nicht den Reiseveranstalter.

Wir warteten und warteten. Eine halbe Stunde, dann noch eine halbe Stunde. Bei den einzelnen Ausgängen hatte man ihn nicht gesehen. Die Ranger beobachteten für uns das Terrain. Nichts!
Irgendwann mussten wir ohne ihn abfahren, natürlich mit Erlaubnis des Veranstalters und nach nochmaliger Information aller Verantwortlichen.
Inzwischen hatte sich das drückende Sonnenwetter in ein Gewitter mit Platzregen verwandelt. Der Regen peitschte an die Scheiben, das Wasser wurde vom Bus fontänenartig an die Straßenrand gespült. Blitze zuckten am dunkelgrauen Himmel. Wir fuhren durch eine Ebene, von der aus rechts und links nur noch die Silhouetten der Berge zu erkennen waren. Gespenstisch!

Und da klingelte mein Telefon.
Der von uns vermisste und gesuchte Gast hatte sich zum Hotel des Naturparkes durchgefragt. Er hatte sich nur verlaufen, und im Endeffekt war er viel weiter gelaufen als meine belastbaren Wanderer. Und er konnte nicht früher anrufen, weil es im Canyon keinen Empfang gab für sein Handy.
Mit einem Taxi kam der Gast drei Stunden nach uns im Hotel an.
War ich froh!

5. Im Süden Istriens-Poreč, Rovinj und Pula

Am Morgen, wenn die Luft noch klar ist und relativ wenig Touristen vor Ort sind, macht es Spaß, durch POREČ zu laufen.

Die Stadtgründung erfolgte durch den römischen Imperator Caesar. Später war die Stadt venezianisch, österreichisch und wieder italienisch. Jede historische Etappe ist beim genauen Hinsehen erkennbar.

Auch der Charme einer ehemaligen Fischerinsel ist beim Spaziergang spürbar.

Wir liefen bis zur Südspitze der Stadt, über das römische Forum zu den Resten einer Kirche, standen inmitten des ehemaligen Kirchenschiffes und saßen auf alten Steinsärgen. Vorbei an einer imposanten Mittelmeerpinie erblickten wir die ersten Segelboote des Frühsommers.

Zurück führte mich der Weg vorbei an einem venezianischen Verteidigungsturm aus dem 15. Jahrhundert mit dem Markuslöwen, der zu einem Café umfunktioniert wurde, und zum Eingang der Basilika des Euphranasius (6. Jh.). Der Künstler verwendete goldfarbene Mosaiken, die heute in der Sonne besonders glänzten.

Ich schlecke Eis, fotografiere und genieße das Schlendern entlang des Hafens.

Ob in der Altstadt von Monaco, an der Küste Dalmatiens, am Balaton oder hier in den Küstenstädten, überall wird Lavendel angeboten. Lavendel gab es in den verschiedensten Verpackungen.

Ich erinnerte mich an eine kleine Episode: Wir waren unterwegs in Ungarn, in der Puszta. Auch dort gab es kleine Lavendeltütchen und Lavendelseife. Die Reiseleiterin gab Tipps für Souvenirs und sprach davon, dass eine besonders schmackhafte, gekörnte und gewürzte Brühe in blauen Tüten zu empfehlen sei, mit der man Gemüsesuppen kochen könne. Der Name war Pasztor Etelizesitö. Die Gäste hatten, und das passiert häufig, nicht genau zugehört, aber die „blauen Tüten" waren empfohlen worden. Also kauften sie blaue Tüten. Das kleine Regal war leer, als es die Reiseleiterin bemerkte. Es waren Lavendeltüten, die in den Taschen der Gäste verschwunden waren.

Lavendel statt Suppe!

Einige Käufe konnten wir rückgängig machen, die anderen mussten mit der Verwechslung leben.

Ich wollte weder Lavendel kaufen, noch Suppenbrühe.

Bei der Einfahrt in den Ort hatte ich einen Kažun gesehen, nun war ich auf dem Weg dahin.

In unserer Presse war auf die Kažuni im Hinterland der Ferienorte hingewiesen worden. Der Verfasser bezeichnete sie als „Wunderwerke der Architektur".

121

Es war nicht weit zu diesem Feldhäuschen, wo Schafe, Ziegen und auch der Hirte selbst in der Vergangenheit Schutz suchen konnten. Laut Presse soll es noch 969 solcher zylinderförmigen Ställe geben.

Vor Jahren, als die Fahrtrouten noch nicht so streng festgelegt waren, war ich mit einer Reisegruppe zwischen Pazin und Kandahar fündig geworden. Dort „untersuchten" wir einen alten Kažun gründlich und haben unser Tun auch in Bildern festgehalten: Die Unterstände auf den Feldern haben einen kreisrunden Grundriss, sind zylinderförmig und besitzen ein kegelförmiges Dach, das mit flachen Steinen bzw. mit Schiefer gedeckt ist. Ohne Mörtel und ohne Dachbalken gebaut, sind die Kažuni wirklich kleine Wunderwerke.
Wir überzeugten uns auch praktisch von der schmalen Öffnung. Und wir wollten in der Praxis erleben, wie viele Menschen dieses kleine Bauwerk fassen konnte. Damals quetschten sich zwölf Personen hinein.

Ich eilte folglich dorthin, wo ich den „Kažun von Poreč" vermutete. Und tatsächlich fand ich ihn etwas oberhalb des Busparkplatzes. Ich vermute jedoch, dass dieser hier jünger war als die im Inneren des Landes.

Am Nachmittag fuhren wir nach ROVINJ weiter.
Auch Rovinj ist eine ehemalige Insel, die mit dem Festland vor etwa 200 Jahren verbunden wurde. Die kleine Altstadt liegt auf einem Berg. Alle Straßen führen hinauf zur Kirche der Hl. Eufemia.
Die Straße ist schmal, Kopfsteinpflaster; rechts und links stehen Verkäufer vor ihren Läden, bieten auch hier wieder Lavendel, Schmuck, kleine Bildchen, Seife... an, keine Nahrungsmittel.

Wir schauen nach oben zu den uns schon bekannten doppelten Wäscheleinen, den elektrischen Leitungen, die außerhalb des Hauses verlaufen und natürlich hinauf zur Kirche der Hl. Eufemia, unserem Ziel.

Scheinbar sehe nur ich, dass sich ein Bewohner einen Scherz erlaubt hat. Sicherlich hat ihn das ständige Schauen und Beschauen der Besucher gestört. Unterhalb eines Fensters war ein riesiger Büstenhalter befestigt, der größte, den ich je sah. Ich schmunzelte, machte meine Gäste aber nicht darauf aufmerksam.

Dann hatten wir den Domplatz erreicht. Die Aussicht von hier oben ist besonders schön.

Deutlich erkennt man die Stelle, wo Insel und Festland vor über 200 Jahren zusammenwuchsen. Länger verweile ich mit dem Blick auf das Hafengeschehen und die Schiffe, die unter mir vorbeifahren.

Wenn ich auch die andere Seite der Stadt sehen will, muss ich den Glockenturm besteigen.
Ich will!

Ich erwähnte schon mehrfach, dass ich unter Höhenangst litt. Aber hier, in Rovinj habe ich mich überwunden und bin hinaufgeklettert.
Der Blick aufs Meer, auf die allesamt roten Dächer der Stadt und die engen Gassen war beeindruckend. Die Stadt gefällt mir noch besser als der Ort am Vormittag. In einem Touristenführer wird Rovinj „istrisches Montmartre" genannt.
Der Fahrer, mit dem ich den Aufstieg über die Holzleiter wagte, hatte versprochen, mir beizustehen. Für jeden Menschen, der von dieser Angst nicht betroffen ist, klingt das lächerlich. Aber ich war stolz, mich überwunden zu haben. Mit dem Blick auf die Hl. Euphemia, deren Standbild über mir auf dem Glockenturm verankert ist, genieße ich noch einmal „meinen Aufstieg".
Beim Abstieg jedoch konnte ich durch die nach unten offenen Stufen den Boden sehen und meine Beine begannen zu zittern. Der Fahrer lief zwar voraus, aber in meiner Aufregung bin ich wahrscheinlich bei den schmalen Stufen danebengetreten und den letzten Absatz hinunter gefallen. Glücklicherweise nur den letzten! Das blaue Knie und die Schürfwunden am Arm würden heilen. Aber ich war Euphemia ganz nah!

PULA ist die dritte istrische Stadt im Süden, die wir besuchen.

Das Kennenlernen einer Stadt beginnt fast immer mit einem geführten Stadtrundgang. Es war heiß, sehr heiß.

Erstmals überhaupt öffnete ich meinen kleinen Regenschirm und benutzte ihn als Sonnenschirm. So war ich geschützt und gleichzeitig als „Schlusslicht" gut zu erkennen. Der Weg zum Amphitheater, der bedeutendsten Sehenswürdigkeit Pulas, war nicht weit.

Von außen betrachteten wir das beeindruckende Oval und hören, dass Kaiser Augustus diese „Brot und Spiele-Stätte" bauen ließ. Die Arena ist in der Gegenwart fester Bestandteil der Theater- und Musikszene.

Mitte der 90er Jahre hatten wir für unseren kurzen Aufenthalt noch keinen örtlichen Stadtführer. Damals übertrug man uns Reiseleitern die Aufgabe, selbst und allein einen Stadtrundgang mit den Gästen durchzuführen.

Während der Vorbereitung zeichnete ich einen „Lageplan" mit möglichst vielen Details. Schon damals stellte ich fest, dass die Gäste zwar über die Monumentalität des Baus staunten, aber ansonsten wenig Interesse an den historischen Fakten zeigten.

Mittlerweile, rund 20 Jahre später, kann man nicht mehr kostenlos in die Arena und das Interesse verflacht immer mehr. Möglicherweise liegt es daran, dass auf anderen Reisen bereits Arenen kennengelernt wurden, z.B. in Syrakus, Verona oder Rom.

Deshalb unterstütze ich solche Spektakel, wie den Eintrag ins Guinness-Buch, den die Studenten aus Pula einforderten, indem sie eine rote Krawatte um das gesamte Areal banden und damit auf das römische Bauwerk und die Tatsache verwiesen, dass die Kroaten die „Erfinder" der Krawatten sind. Im kroatischen Heer des 17. Jahrhunderts trugen die Kämpfer rote Halstücher, den späteren Krawatten ähnlich.

Heimfahrt.

Vier Tage waren seit unserer Ankunft vergangen, aber die Natur hatte sich während dieser kurzen Zeit verändert, scheint in den Frühsommer katapultiert zu sein.

Löwenzahnwiesen, blühende Bäume, letzte Tulpen …; die Birken zeigen nicht mehr nur einzelne Blättchen, sondern ihre volle Blätterpracht.

Unsere erste Pause auf der Heimfahrt erfolgt im slowenischen Postojna. Auf dem Parkplatz werden Wilder Spargel, Olivenöl und Honig angeboten. Die Gäste kaufen. Slowenien hat den Euro, da muss man nicht mehr mit dem Geld rechnen.

Mit der Geldbörse in der Hand verlasse ich den Bus, um zur Toilette zu gehen und anschließend eine ganz bestimmte Honigsorte zu erwerben.

Als ich das Portemonnaie ablegte, fiel mir ein, dass ich schon einmal das Geld liegen gelassen hatte, sogar mit dem gesamten Servicegeld, das ich von den Gästen kassiert hatte. Als ich es bemerkte, waren wir schon ein ganzes Stück von der Raststätte entfernt. Der Fahrer fuhr zurück, und ich hatte Glück; eine ehrliche Reisende hatte meine auffällige Kassierer-Börse abgegeben. Ich war überglücklich, denn ich hätte für das gesamte Geld aufkommen müssen. Natürlich bekam die Frau den ihr zustehenden Finderlohn und darüber hinaus einen Bildband meiner Stadt. Immer, wenn ich meinen Geldbeutel irgendwo ablege, denke ich an diese „Warnung".

Das darf nicht noch einmal passieren!

Auf der Fahrt zurück in die Heimat biete ich ein letztes Mal Bockwurst, Wiener Würstchen und Cabanossi an. Sorgfältig notiere ich die Zahlen. Aber selten stimmt das, was ich in dem Würstchensieder erwärme, mit den Gästewünschen später beim Servieren überein. Es ist wie verhext! Ich war schon nahe daran, bunte Essenmarken zu verteilen.

Meist lachen die Gäste, wenn ich am Ende feststelle, dass eine Bockwurst zu viel ist, aber eine Portion Wiener Würstchen fehlt. Nur selten besteht jemand auf dem Bestellten.

Meist heißt es dann: „ Na, da geben Sie mir eben, was übrig ist."

Wenn etwas übrig ist …

V. ZWISCHEN TICINO UND DEN ALPEN

1. Trauminseln

Die Reise nach Italien begann am Morgen ziemlich aufregend.

Beinahe wäre ich erschlagen worden. Von einer Flasche! Wie es dazu kam?

Ich hatte schon mehrfach festgestellt, dass die Fahrer außerordentlich sensibel reagieren, wenn im Bus ein nicht sofort zu identifizierendes Geräusch zu hören ist.

So war es auch heute.

In der sogenannten Hutablage hinter uns polterte es bei jeder stärkeren Lenkbewegung des Fahrers. Ein Stock? Ein Fotoapparat?

Wieder einmal machte ich mich auf die Suche und wurde auch schnell fündig. Meine Finger ergriffen ganz vorn über der ersten Sitzreihe eine gelbe Plastiktüte, die unkontrolliert herum rollte. Und in dieser Tüte, in die ich nun hinein sah, befand sich eine bauchige Glasflasche, in der man den Rotwein „Medinet" kaufen kann. Gerade als ich diese Flasche aus dem Beutel zog, rief von der ersten Reihe eine Reisende: „Das ist mein Wasser, das habe ich mir mitgebracht!"

Ich war geschockt.

Die Flasche hätte jederzeit herunterfallen können, und wir beide, der Fahrer und ich, saßen direkt darunter. Ich möchte gar nicht weiter darüber nachdenken, was hätte passieren können.

Glücklicherweise war die Gefahr gebannt.

Nunmehr konnten wir uns auf ein interessantes Reiseziel freuen, den Lago Maggiore.

Wiederholt übernahm ich Reiseaufträge an den zweitgrößten Binnensee Italiens. Die Anfahrt in einem Reisebus dauert zirka 14-15 Stunden, d.h. bei sehr früher Abfahrt am Morgen ist man dennoch erst abends am Ziel. Zwischen 900 und 1 000 Kilometer müssen bei gegenwärtig immer stärker werdendem Verkehr gefahren werden.

Ich habe aus diesem Grund schon einmal das Wasser des Sees spät am Abend bei Mondschein glitzern sehen. Das war für mich eine ganz besondere Erfahrung!

Selbst dann, wenn man von der langen Fahrt erschöpft ist und nur noch zum Hotel will, ist die Schönheit dieses Landstrichs unverkennbar.

Meist wohnten wir in STRESA.

Unser Hotel befindet sich weniger als 100 Meter von der Uferpromenade entfernt; es ist ein gepflegtes, familiär geführtes Hotel in unmittelbarer Nähe des Marktes.

Am Morgen kann man durch die Straßen bummeln, dann ist Stresa eine gemütliche Kleinstadt. Je weiter der Tag fortschreitet, desto quirliger wird die Stadt, die Läden rücken mit ihren Auslagen auf die Trottoirs, die Urlauber kommen von ihren Ausflügen zurück und flanieren durch die Stadt, kaufen, essen Eis und genießen das Flair.

Am ersten Aufenthaltstag werden die BORROMÄISCHEN INSELN besucht. Die Fahrten von Insel zu Insel erfolgen mit dem Boot.

Mehrfach war ich auch abends mit meinen Gästen in einem solchen Schiff auf dem See. Eine fantastische Kulisse bieten dann die ringsum ansteigenden Berge, die Lichterketten der Orte unmittelbar am Ufer und die schemenhaft aus dem Wasser auftauchenden Inseln.

In unserem kleinen Boot wechselte die Stimmung der Urlauber vom fröhlichen Gesang zum Nachdenken und wieder zum Gesang.

Der erste Tag, oder wie wir sagen, das „Inselhüpfen", beginnt mit einer kurzen Schifffahrt. Zuerst landen wir auf der ISOLA MADRE, der größten Insel des Sees. Sie ist seit rund 500 Jahren im Familienbesitz. Unsere Fremdenführerin erzählt, dass erst im 19.Jahrhundert der üppige Pflanzenpark nach englischem Vorbild entstand. Um mich herum klicken die Kameras, die Gruppe ist schwer zusammenzuhalten. Die Begeisterung für die Vielfalt der Pflanzen und Bäume hält während des gesamten Rundganges an.

Obwohl ich den Garten schon besuchte, entdecke, sehe und höre ich immer wieder Neues:

Erstmals sehe ich beispielsweise die Früchte einer Kamelie, die wie kleine grüne Äpfel aussehen.

Ein Eukalyptusbaum hatte bisher nach meiner Kenntnis schmale Blätter, Weidenblättern vergleichbar. Jetzt stehe ich vor einem Baum, der an einem Stil kreisrunde Blätter trägt und ebenfalls eine Eukalyptusart ist.

Mich faszinieren die riesigen Magnolienbäume aus Nordamerika ebenso wie der Kampferbaum oder der aus Tibet stammende Taschentuchbaum, der leider jetzt im August keine „Taschentücher" trug.

Vor der sogenannten Glyzinien-Treppe, fünf Bögen, an denen im Mai/Juni vierfarbig Glyzinien ihre Blütenpracht entfalten, blieb ich einen Augenblick stehen.

Höhepunkt der Besichtigung war für mich die Begegnung mit einer riesigen Zypresse aus Kaschmir (Indien). Im Juni 2006 entwurzelte ein Tornado den Riesen, der 1862 hier gepflanzt wurde und seither ein Symbol der Insel ist.

Bilder zeigen, wie er flach auf dem Boden vor dem Palazzo liegt. Aber er ist glücklicherweise nicht tot. Die Wurzeln waren nach dem Unwetter mit nassen Tüchern feucht gehalten worden, und er wurde mit unendlicher Mühe mit Hilfe von Hubschraubern und Kränen wieder aufgerichtet und anschließend mit Drahtseilen festgezurrt. Fast andächtig stehen wir vor dem Baum-Monument und nehmen zur Kenntnis, dass er fast drei Jahre später erste Lebenszeichen von sich gab.

Heute hatte ich Gelegenheit, den verantwortlichen Gärtner zu fragen, was diese Baumrettung gekostet hat. Er schätzte die Kosten rings um den Baum auf 300 000 Euro. Noch wichtiger, so scheint mir, ist die Symbolkraft des Baumes!

Ich verzichtete auf den Besuch des Palazzos, um wenigstens einmal um den Riesen zu gehen und die im englischen Stil errichtete Anlage genauer zu erforschen.

Langsam schlendere ich die Treppen hinunter zu einer Terrasse, von der aus ich den Blick über den See zum gegenüberliegenden Monte Mottarone genießen möchte.

Nie habe ich später meinen Gästen erzählt, dass ich in den Anfangsjahren einmal versucht hatte, mit dem Bus hinauf zum Gipfel zu fahren. Wir waren ohne Kenntnis der realen Straßenführung nur dem Wegweiser zum Berg gefolgt. Auch heute sehe ich von meinem Platz aus eine Art „Vorberg", wo sich meines Erachtens ein Umsetzer für den zweiten Teil der Auffahrt befindet. Dort hinauf wollten wir damals. Wir hatten auch kein Verbotsschild gesehen.

Ich hätte mich besser befragen müssen, denn irgendwann endete einfach die Straße und damit unser Versuch, mit dem Bus hinauf zu fahren.

Jahrelang wurde an der Schwebebahn gebaut; ein kleinerer Stadtbus fuhr während dieser Zeit hinauf bis zum botanischen Garten „Alpini". Aber ohne mich. Erst diesmal (2018), nach abgeschlossener Reparatur, will ich das Panorama vom 1 491 Meter hohen Gipfel genießen.

Silberfarben glitzert das Wasser, nur der Klang der Bootsmotoren ist zu hören.

An einem kleinen Tisch nehme ich Platz, nippe genussvoll an meinem Cappuccino und notiere mir einige Gedanken. Während die stolzen Fasane Abstand zu mir halten, hüpfen die frechen Spatzen bis an meine Tasse. Umgeben bin ich von Zitronenbäumen, verschiedenen hohen Magnolien, die zusammen mit einem Eukalyptusbaum Schatten spenden, von Hibiskus und Dattelpalmen.

Am häufigsten werden (auch von mir) die Seerosen fotografiert: weiß, lila, blau; mehrfarbig glänzen die großen Blüten, deren Blätter wie mit Wachs überzogen scheinen.

Der Wasserspiegel des Sees ist aufgrund der lang andauernden Sommerhitze gesunken. Das felsige Gestein des nunmehr trockenen Seebodens liegt wie ein steinerner Gürtel um die Inseln.

Mit dem Wasser werden beispielsweise die Reisfelder und Obstplantagen um Mailand versorgt.

Unser Boot liegt schon am Anleger, um uns zur zweiten und kleinsten Insel zu bringen, die heute auf unserem Besuchsprogramm steht, zur Fischerinsel, ISOLA DEI PESCATORI. Nach einem kurzen Überblick durch die „Örtliche" hat jeder Urlauber Zeit, selbst die Insel zu erkunden. Früher sollen einmal 300 Fischer die Insel bewohnt haben, jetzt leben auf ihr nur noch 35 Einwohner. Das ist eine Herausforderung für jeden Bewohner: am Tag großer Trubel und am Abend, wenn die Touristen die Insel verlassen haben, ist es möglicherweise sehr, sehr einsam. Unsere Fremdenführerin sagte, dass es zwar keine Schule auf der Insel gäbe, ansonsten aber alles, was der Mensch brauche, einschließlich Friedhof.

Beim anschließenden Bummel lief ich die „Hauptstraße" vom Fischschwanz (Kirche) zur Spitze der Insel, dem Fischkopf. Eine schmale Gasse mit Kopfsteinpflaster führt ziemlich geradeaus. Fast in jedem der Häuschen gibt es etwas zu kaufen, hauptsächlich zu essen, aber auch Taschen und Kosmetik, Mode und Holzschnitzereien, Zeitungen, eben alles, was den Touristen interessieren könnte. Am Ufer zurückgehend, sah ich hauptsächlich kleine Restaurants und Kioske mit modischem Zubehör. Am Wasser waren Boote verankert, eines neben dem anderen.

An der gleichen Stelle hatte mich ein Jahr zuvor ein Herr angesprochen. Er erzählte, dass er an einem Kiosk auf der „Isola Madre" einen Kaffee getrunken habe, dort sei er bestohlen worden. Erst hier auf der Insel habe er es bemerkt, als er den Mittagsimbiss bezahlen wollte.

Die „Isola Madre" ist eine Privatinsel. Wenn wir am Morgen die Inselführung haben, dann sind ganz wenige Besucher auf der Insel.

Unmittelbar nach der Information des Gastes riefen die Fremdenführerin und ich an der Kasse an, meldeten den Verlust und fragten auch bei den Bootsführern nach. Ohne Erfolg. Das Aufsuchen der Polizei hat auch nichts gebracht, auch nicht später.

Der Reisegast hatte sein Geld in der Gesäßtasche. Dort soll sich neben dem Portemonnaie auch noch eine Hülle mit Ausweisen befunden haben. Diese Hülle war da. Ich nehme an, dass der Herr es möglichen Dieben leicht gemacht hat, indem er die Börse nicht in, sondern neben die Hosentasche steckte. Man brauchte das Heruntergefallene nur aufzuheben. Oft hatte ich den Gästen schon erzählt, dass der Inhalt von Gesäßtaschen nicht sicher ist.

Meist werden jedoch „Diebe" durch die Unaufmerksamkeit der Gäste direkt herausgefordert. Wenn eine Dame, wie geschehen, auf einer italienischen Raststätte, ihre geöffnete Tasche unbeaufsichtigt auf einem Bistrotisch stehen lässt, um an der Theke Essen zu ordern, dann ist das leichtsinnig.

Oder in Tschechien probierte eine Dame sogar Kleidungsstücke in der Kabine an und ließ ihre Tasche einfach davor stehen. Ich nenne das „Beihilfe" zum Stehlen.

Oftmals vergessen Reisende auch in den Hotels Gegenstände.

Das betrifft mich auch. In einem Hotel bei Sorrent vergaß ich einen weißen Pullover und ein wirklich wertvolles Buch mit Kunstdrucken. Ich hatte beides extra auf den Tisch gelegt, um die Dinge parat zu haben. Aber bei der Abfahrt war ich unaufmerksam. Da ich auf der Rückreise wieder in diesem Hotel übernachten würde und weil ich als Reiseleiter registriert war, nahm ich an, dass ich beide Gegenstände problemlos zurückerhalten würde. Nein, das war nicht der Fall. Für mich war es eine Lehre, aber ich habe auch nicht darauf bestanden, dass irgendwelche Untersuchungen stattfanden.

Irgendjemand hat sich über meine Sachen gefreut.

Die dritte der Borromäischen Inseln sollte den Abschluss unseres Ausfluges bilden.

Die „ISOLA BELLA" verzaubert die Besucher höchstwahrscheinlich am meisten. Der Familienpalazzo thront direkt am Ufer, zu ihm führen eine bezaubernde private Hafeneinfahrt oder eben der Landeplatz der Touristenboote an der „Bugspitze" der Insel, die die Form eines Schiffes hat. Der terrassenartig angelegte Park hinter dem Palast ist unbeschreiblich schön.

Zwischen bunten Blüten, weißen Pfauen und seltensten Bäumen steht auch eine Korkeiche. Erstmals betrachtete ich sie in der Natur, fühlte sie, fotografierte sie und fuhr noch einmal streichelnd über ihre raue Schale.

Begeistert führte ich auch meine Gäste dahin.

Als es Zeit geworden war, ein letztes Mal auf unser Transportboot zu gehen, war ich rechtschaffen „geschafft".

So viele Eindrücke!

2. Der Brotbaum in den Bergen

Der Tagesausflug von STRESA nach Locarno, der nördlichsten Stadt am Lago Maggiore, sollte diesmal auf besonderem Wege erfolgen. Es war vorgesehen, zuerst mit dem Reisebus nach Domodossola (Italien) zu fahren und danach mit der CENTOVALLI-BAHN.
Auch heute war das Wetter sonnig und heiß, die 55 Kilometer zum Ausgangspunkt unserer Zugfahrt, DOMODOSSOLA, waren schnell zurückgelegt.
Zwei Panoramawagen nahmen uns auf.

In 200 Meter Höhe, sozusagen am Fluss Toce, starteten wir. Die Aussicht auf beiden Seiten war prächtig. Zwischen Wiesen und Wald ging es steil bergan. Zunächst sahen wir bunte Bergwiesen, Weinreben, aber auch einzelne Maronenbäume, die sich weiter oben in den Bergen zu Wäldern verdichteten.
Kleine und kleinste graue Steinhäuser mit ebenso grauen Stein- und Schieferdächern erblickten wir auf beiden Seiten der Zugstrecke. Schwere dunkelbraune Türen aus einfachen Holzbalken verschlossen das Innere. Eine Stromleitung, die zu diesen Berghäusern führte, suchten wir meist vergeblich. Sie standen in romantischer Umgebung, aber schienen unbewohnt zu sein.
Anders sah der Hauptort Santa Maria Maggiore aus. Gepflegte Häuser, Chalets mit weit nach unten verlängerten Dächern, standen in ebenso gepflegten Gärten. Große Hortensienbüsche, Sommerflieder, alles wirkte blitzsauber.
Wir waren am höchsten Punkt unserer Bahnfahrt, in 800 Meter Höhe, angekommen. Ab jetzt bringt uns die Bahn bergab fahrend nach Locarno. Die Häuser sehen moderner aus, die Orte sind größer, die Schluchten gewaltiger.

Unser Zug fährt auch über jene Stelle, die im Frühsommer 2018 gesperrt werden musste, weil ein Felssturz Straße und Bahnlinie verschüttete. Die riesigen Felsen begruben einen PKW und zertrümmerten Bäume als seien sie Streichhölzer; schweres Gerät musste zur Bergung herangebracht werden.

Nicht immer geht bei unseren Ausflügen alles so glatt.
Im vergangenen Jahr starteten wir schon mit ein wenig Verspätung, weil mehrere Gäste ihren Ausweis im Hotel sicher deponiert hatten, aber nicht bedachten, dass die heutige Fahrt auch einen Aufenthalt in der Schweiz vorsieht.
Hinzu kam, dass der Fahrer signalisierte, dass er Probleme mit dem Bus habe.
Während der Nacht war das Druckventil der vorderen Tür kaputt gegangen. Um die Fahrt überhaupt zu ermöglichen, hatte er Gurte zum Schließen der Tür als Provisorien angebracht. Wir hofften, die Strecke bis nach Domodossola zu schaffen, denn es war sowieso geplant, in den Zug umzusteigen. Von dort aus konnte der Fahrer auch eine Werkstatt aufsuchen. Es wurde knapp, sehr knapp.
Sobald der Fahrer etwas schneller fahren wollte, ging die „Beifahrertür" auf. Mit aller Kraft stemmte ich mich dagegen, versuchte, die Gurte festzuhalten. Ich zog und zog. Sehr froh war ich, als wir unser Ziel erreichten, körperlich war ich fix und fertig. Aber wir hatten es geschafft, die Gäste saßen in einem Panoramawagen der „Centovalli-Bahn".

In dem Prospekt der Bahn heißt es, dass die Fahrt „abwechslungsreich, faszinierend, kurzweilig und komfortabel" sei.

An diesem Tag, Ende September, war es aber sehr neblig und nur zu erahnen, dass man entlang tiefer Schluchten, vorbei an beeindruckenden Wasserfällen und über gewagte Brücken fährt. Kurz gesagt, draußen war „eine Waschküche", so dass man kaum etwas erkennen konnte.

Beim fünften Haltepunkt, wir sind inzwischen 400 Meter höher, waren erste Konturen zu erkennen. Ich lese das Haltestellenschild: MARONE. Eine kleine Kirche, Häuser unbewohnt (sagte uns die örtliche Reiseleiterin), aber eine Vielzahl Maronenbäume, ein Maronenwald. Es sind große, starke Bäume. Sie werden bis zu 35 Meter hoch und sehr alt.

Sie brauchen zirka ein Vierteljahrhundert, um erste Früchte zu tragen.

Jetzt, Ende September, sind sie noch nicht reif, erst Mitte/Ende Oktober.

Schon bald sind wir Reisenden in ein angeregtes Gespräch über Maronen vertieft. Ich erfahre, dass der Name „Marone" wahrscheinlich erstmals von Homer in seiner „Odyssee" verwendet wurde. Die so genannte Edelkastanie war in Italien Grundnahrungsmittel, bis die Kartoffel aus Südamerika eingeführt wurde. In den Bergdörfern blieb sie es bis ins 18. Jahrhundert. Soweit ich es einschätzen kann, ist die Marone jetzt in unserem Gastland mehr Delikatesse als einfaches Nahrungsmittel.

Die Bewohner Südeuropas haben generell eine völlig andere Einstellung zu Maronen als wir.

Ich kannte früher nur die über offenem Feuer gerösteten Maronen, die es auf dem Weihnachtsmarkt zu kaufen gab. Wenn man diese dann stückweise oder in kleinen Tüten erwarb, waren sie heiß und knusprig. Aber ich mochte sie dennoch nicht.

Gesammelt haben wir sie als Kinder zur Fütterung der Tiere im Winter.

Später arbeitete ich monatsweise in der Schweiz, wohnte privat. Meine Gastfamilie verwöhnte mich mit Maronenpudding, der sehr lecker schmeckte, ein bisschen nach Nüssen.

Deshalb schaute ich im hauseigenen Kochbuch nach und fand auch wirklich ein Rezept, in welchem empfohlen wird, die in Milch weich gekochten Maronen mit Zucker und Vanillepudding zu mischen und daraus eine Speise herzustellen. Das Ganze schmeckt dann wie „Nusspudding" und trägt den Namen „Maronenspeise".

Im Delikatessenladen in der Schweiz sah ich dann erstmals geschälte und in Folie verpackte Früchte, ähnlich wie bei uns Tomaten oder Pfirsiche. Hier, in der Gefriertruhe, wurden sie als besondere Leckerei angeboten und hatten auch den dementsprechenden Preis.

Wenn man selbstgesammelte Kastanien verarbeiten möchte, dann benutzt der Koch ein besonderes Messer. Trotzdem bleibt es eine aufwändige Angelegenheit. Die moderne Hausfrau kauft deshalb Carina di Castagne (Kastanienmehl).

In Süditalien und in Griechenland spricht man noch heute von der „Kartoffel des armen Mannes".

Ein Freund in Griechenland bessert sich die Rente auf mit dem Sammeln von Maronen, die er dann zur Weiterverarbeitung verkauft.

Während einer Reise in Sizilien hatten wir ein „Maronenerlebnis", das uns sehr beeindruckte:

Unsere Auffahrt vom Meer zum Fuß des Ätna dauert mit dem Bus eine reichliche Stunde. Wir Touristen halten unterwegs, um die Aussicht hinunter aufs Meer und hinauf

auf den Berg zu genießen. Während wir also stehen und schauen, fährt ein Kleinlaster an uns vorbei. Stuhl, Tisch und Personen befinden sich auf der Ladefläche, eine Großfamilie. Sie winken; wir winken zurück. Wir verstehen einander nicht, aber alle lachen. Auf einer Höhe von etwa 600 Metern sehen wir sie später wieder. Der Tisch, der sich vorher auf der Ladefläche befand, stand nun auf dem Waldboden, auf dem Tisch der Picknickkorb, am Tisch saß die Nonna (Oma). Sie war der Mittelpunkt des Geschehens. Alle anderen Familienmitglieder waren damit beschäftigt, die Edelkastanien einzusammeln. Wenn alle mitgebrachten Gefäße gefüllt sind, dann ist Picknickzeit. So will es die Tradition.-
Fröhlich winkend fuhren diesmal wir an ihnen vorbei.

Wetter und Ausblick, oder besser gesagt „Nicht-Ausblick", veranlassten uns, weiter über Maronen zu sprechen.
Unsere nette Begleiterin war gern bereit, uns ein besonders beliebtes Rezept zu erklären: Man nehme geschälte Maronen, trockne diese in der Sonne. Bevor man sie zu einem späteren Zeitpunkt verarbeitet, müssen sie zwei Tage eingeweicht werden und dann zwei Stunden gekocht. Den pürierten Maronen werden Milch, Schokolade, Zucker und Rum zugefügt. Das bisher Vorbereitete wird durch eine Presse gegeben, ähnlich wie bei hausgemachten Spaghetti. Der nunmehr entstandene Teig ist sinnbildlich die Erde und heißt in der Region „Mont Blanc". Zum Schluss bekommt er noch eine weiße Mütze aus Schlagsahne, den Schnee.
Sicher lecker.

Der Aufenthalt im schweizerischen LOCARNO wird von den Gästen unterschiedlich gestaltet. Die einen gehen mit der Stadtführerin in die Altstadt, andere Gäste fahren mit dem kleinen City-Zug und die dritten nutzen die Drahtseilbahn zur „Madonna del Sasso", einem Wallfahrtsort über Locarno.

Ich habe alle den Gästen angebotenen Varianten schon ausprobiert, wobei ich jedoch, um nach oben zu kommen, nicht die Seilbahn genommen habe, sondern den Kreuzweg gegangen bin.

Die nach Orselina führende Bahn ist eigentlich nicht sehr teuer. Später habe ich es bedauert, dass ich mir die Bahnfahrt auf dieser romantische Strecke habe entgehen lassen, denn in der Beschreibung las ich, dass sowohl ein Viadukt mit elf Bögen als auch ein längerer Tunnel hinauf auf den Felssporn führen, auf dem die Wallfahrtskirche errichtet wurde. In der Talstation finde ich auch die Zeiten für die Gottesdienste oben in der Kirche, und in der Werbung steht, dass der Besucher „Kunst, Kultur und Geschichte oberhalb von Locarno" erleben könne.

Bei mir war es nur ein Weg durch eine bezaubernde Landschaft.

In einer Schweizer Bahn wurde die Überlegung, meine Erlebnisse und Erfahrungen aufzuschreiben, gefestigt.

Ein Buch war im Waggon der Bahn zur Ansicht befestigt. Ein Buch? Sofort blätterte ich darin und las einige Abschnitte.

Am Fahrkartenschalter wurde es mir zum Kauf angeboten. Ein Zugbegleiter der Schweizer Bahnen veröffentlichte seine Erlebnisse. Es waren die verschiedensten Episoden aus dem Dienstalltag. Auch ich erlebe jeden Tag Neues. Also schlussfolgerte ich: Was der kann, das kann ich auch! Ich begann ab diesem Zeitpunkt, kleine Erlebnisse festzuhalten, zu notieren.

3. Bezwinger des Monte Mottarone

Bei einigen Mehrtagesfahrten zum Lago Maggiore gibt es einen freien Tag. Es erfolgen nur Hinweise auf mögliche, ganz privat zu nutzende Ziele.

Schon mehrere Jahre hatte ich den 1 491 Meter hohen MONTE MOTTARONE im Visier. Er erhebt sich zwischen dem Lago Maggiore und dem Lago di ORTA.

Wie ich schon schrieb, wollte ich ihn vor Jahren sogar mit dem Bus „bezwingen".

Kabinenbahnen und Sessellift wurden mehrjährig repariert. Jedes Jahr, bei der Anfahrt zum Hotel am Lago Maggiore, schaute ich hinauf. Diesmal war es soweit. Die Bahn war in Betrieb.

Ich schlug meinen Gästen vor, bei Interesse gemeinsam hinauf zu fahren.

Am Morgen, nach dem Frühstück, gingen wir zur Talstation der Seilbahn. In zwei Etappen fuhren wir mit der Kabinenbahn und danach mit dem Panoramasessellift bis zum Gipfelkreuz. Jetzt konnte jeder auf seine Weise genießen.

Oben angekommen, setzte ich mich auf die Bergwiese, sozusagen zwischen Lago Maggiore und Lago di Orta. Die Temperatur auf dem Berg hatte ich von unten völlig falsch eingeschätzt, aber jetzt war ich doch froh, meine Jacke wenigstens als Sitzpolster nutzen zu können.

Der Orta-See, viel kleiner als der Lago Maggiore, liegt unter mir und einer Dunstglocke, obwohl der Himmel über mir in klarem Blau leuchtet. Zwei kleine weiße Punkte, sicherlich Schiffe, im flaschengrünen See, Wälder, bis direkt ans Wasser, wenige Ortschaften unmittelbar am See, das ist das sich mir bietende Bild.

Dahinter aber erstrecken sich mehrere Bergketten (ich habe zehn gezählt), die Alpen.

Auf der Aussichtsterrasse, zehn Minuten unterhalb des Gipfels, Richtung Orta, gönne ich mir einen Kaffee und treffe auf Mottarone-Bezwinger, die von der anderen Seite heraufgekommen waren. Hauptsächlich kamen sie mit dem Auto, aber auch zu Fuß oder mit dem Rad.

Neben der kleinen Gaststätte hatte eine Skischule ihr Zuhause. Schneekanonen, Pistenbullys, Schneeketten und die Masten der Skilifte erinnern an die Winterzeit.

Noch aber liegen Sonnenanbeter auf sicherlich mitgebrachten Liegen oder einfach nur auf den harten Bergwiesen.

Am Weg entdecke ich Hinweise für Wanderfreudige. Drei Wege führen allein nach OMEGNA, den nördlichsten Zipfel des Orta-Sees. Die Wanderzeit wird mit 2.20 bzw.

2.10 Stunden angegeben. 17 Kilometer beträgt die Entfernung, aber der Weg ist steil, und da ist es sicherlich egal, ob man hinauf oder hinunter geht. Ich würde es in dieser angegebenen Zeit weder aufwärts noch abwärts schaffen. Ich trödele noch ein wenig auf dem Berg herum, bis ich mich zur Abfahrt entschließe.

Mitunter entstehen auch bei unseren Ausflügen Probleme, mit denen Fahrer und Reiseleiter niemals gerechnet hätten. So ist es uns vor Jahren bei der Rückfahrt vom Orta-See nach Stresa ergangen. Während eines fakultativen Ausfluges lernen unsere Gäste auch den Ort ORTA, den kleinen See und die Insel San Giulio kennen.
Während ich mich beispielsweise an der Kanzel aus schwarzem Marmor in der Basilika erfreute und es genoss, die etwa 650 Meter um das Inselchen zu gehen, schimpften zwei Damen, dass der Aufenthalt zu lang gewählt worden sei.
Ich folge bei Ausflügen meist den zeitlichen Vorgaben meines Veranstalters.
In den Hinweisen des Veranstalters war geschrieben, dass man zusätzlich zum eigentlichen Programm noch zur Statue des Heiligen Carlo Borromeo fahren könne. Diese steht auf einer Anhöhe nahe der Stadt Arona.
Wir entschlossen uns, den Heiligen zu würdigen und unseren Gästen noch etwas Besonderes zu bieten.
Die gewählte Auffahrt entpuppte sich als Problem für unseren extra langen Bus. Wir waren am ausgewiesenen Weg abgefahren. Es gab keinen Hinweis darauf, dass man die Länge des Busses beachten müsste. Der Weg führte ziemlich steil und kurvenreich nach oben.
Der Fahrer musste mehrfach zurückstoßen, und ich stieg auch aus, um ihm beim Rückwärtsfahren einzuweisen. Ich

schwor mir, niemals wieder dem Heiligen einen Besuch abzustatten, denn als wir endlich oben angekommen waren, interessierte der Carlo Borromeo die Gäste nicht sonderlich. Die Touristen mussten Eintritt zahlen, um in seinem Inneren nach oben klettern zu können und aus seinem heiligen Ohr herauszuschauen.

Nach dieser Reise musste ich sogar eine Beschwerde von zwei Damen (eben jenen, die auch den Besuch auf der Insel schon kritisiert hatten) beantworten, die auf viereinhalb Seiten zum Ausdruck brachten, dass Fahrer und Reiseleiter unhöflich, unwissend, inkompetent und, und, und ... gewesen seien. Nach der Auffassung dieser beiden Frauen zwang ich die Gäste, sich zusätzlich etwas anzusehen; der Fahrer kenne die Strecke nicht und man hege Zweifel, dass es überhaupt ein „richtiger" Busfahrer sei.
Ich musste auf diesen Brief hin Stellung zu den Ausführungen nehmen. Es wurden sechseinhalb Seiten, die ich zusammen mit dem Busfahrer schrieb.
Die beiden Damen hatten uns sozusagen einen ganzen Lebenstag gestohlen, den wir brauchten, um diesen unverschämten Brief zu beantworten.

Das also hatte uns der Heilige Borromeo gebracht!
Am Abend, bevor wir nach Hause fahren, gehe ich traditionell noch einmal zum abendlichen Lago Maggiore.
Eine freie Bank ist schwer zu finden, aber es gelingt. Ich sitze so, dass ich sowohl auf den See als auch auf die Silhouette der Voralpen und die Lichterketten der Uferpromenade von Pallanza und Stresa sehen kann.
Vom Simplonpass ziehen dunkle Gewitterwolken heran, einzelne Blitze zucken am Horizont. Das Wasser des Sees ist heute tiefschwarz, nur ein einzelnes Boot, vermutlich

ein Polizeischiff, kreuzt zwischen den Borromäischen Inseln und dem Ufer. Gestern noch waren mehrere Ausflugsboote auf dem Wasser, der Vollmond ließ die kleinen Wellen silberfarben glitzern.

4. Erlebnisse rings um den Lago Maggiore

Am letzten Abend meines Aufenthaltes in ORNAVASSO sitze ich mit einem Glas Wein am Tisch und höre dem vom Veranstalter gebuchten Alleinunterhalter zu, der uns mit seiner Musik erfreut.
Meine Gedanken schweifen ab:
Letzter Abend.
Letzte Reise in diesem Jahr.
Viellcicht lctztmalig Ornavasso?

Vor drei Monaten war ich schon einmal mit einer Reisegruppe hier im Hotel. Das war im Juli bei allergrößter Hitze. Damals hatte ich ein hübsches Zimmer mit Balkon, aber ganz, ganz oben unterm Dach. Ich musste noch nie zuvor darum bitten, ein anderes Zimmer wegen zu hoher Temperaturen zu bekommen, aber es war nicht möglich, bei fast 40 Grad zu schlafen. Das war nun ein Vierteljahr her.

Ornavasso liegt geografisch westlich des Lago Maggiore, auf der Höhe von Verbania.
Bisher waren wir bei der Anfahrt zum Hotel nach Stresa oder Ornavasso am Westufer des Sees entlang gefahren.
Aus regionalen Gründen, die Durchfahrt im Ort Cannobio ist gesperrt, müssen wir nun über Lugano-Chiasso fahren. Die Strecke ist zwar kilometermäßig weiter, aber zeitlich nicht sehr viel länger.

Häufiger als vor Jahren verfolgen die Gäste mit dem Handy die Strecke und vergleichen ihre App mit der vom Fahrer gefahrenen Strecke.

147

Dann hören wir etwa folgendes Gespräch: „Du, Christa, warum biegt denn der Fahrer hier ab, er müsste nach meiner App hier nach rechts abbiegen. Ich glaube, der fährt falsch." … „Guck' mal hier, Eva, bei mir ooch. Das ist doch falsch."

Die beiden Damen unterhalten sich so lange, bis sich der Fahrer einschaltet, weil er genug von der hinter ihm geführten Diskussion hat. Er erklärt dann zum wiederholten Male, dass für den Bus Besonderheiten zu beachten sind.

Am letzten Abend meines Aufenthaltes war ich vor dem Abendessen endlich durch die Stadt gegangen; vorher hatte ich nur das gesehen, was man aus dem Fenster und bei der Durchfahrt erblickt. Ich begriff erst jetzt, in welch historisch bedeutsamer Stadt ich übernachtete, aber ich hatte zu wenig Zeit, um das Versäumte nachzuholen.

Einen Weg wollte ich aber unbedingt noch gehen, den Weg zu den berühmten Marmorsteinbrüchen auf der anderen Seite des Flusses Toce. Etwa 20 Minuten war ich unterwegs, es wurde schon langsam duster, als ich auf der anderen Seite des Flusses ankam.

Seit dem 14. Jahrhundert wird hier in CANDOGLIA Marmor abgebaut.

Während anfangs nur Werkzeuge aus Eisen benutzt wurden, arbeitet man heute mit Diamantseilen. Während man anfangs die Blöcke über Hölzer ins Tal hinunter und dann mit Ochsenkarren weiter beförderte, erfolgt seit etwa 1960 der Transport mit Lastwagen.

Aus diesem rosafarbenen Marmor wurde der Mailänder Dom gebaut.

Schon von weitem hatte ich hoch oben am Berg das Loch gesehen, wo im Berginneren noch heute der Abbau erfolgt. Aber dieses Vorkommen darf nur noch für Reparaturen am Mailänder Dom verwendet werden. Als ich am Tag zuvor in Mailand war, hatte ich gesehen, dass augenblicklich auch Bauarbeiten am Dom erfolgten.

Am Ende meines Spazierganges Richtung Steinbruch stand ich vor einem beeindruckenden Denkmal am Ufer des Flusses, an der Stelle, wo der Aufstieg zum Mundloch beginnt. Gefertigt wurde der Gedenkstein aus eben diesem rosa Marmor. Im oberen Teil sieht man das Bild des Mailänder Domes, darunter die Oberflächenstruktur der Region und ein Text über die Nutzung des hier abgebauten Gesteins.

Auf dem abendlichen Weg zum Hotel lasse ich die vergangenen Tage Revue passieren:

Das von dem Reiseveranstalter ausgewählte Programm führt den Besucher in verschiedenste Orte in unmittelbarer Nähe des Lago Maggiore.

Einer der vorangegangenen Tage war zweigeteilt. Am Vormittag fuhren wir am Westufer des Sees nach Norden. An diesem Tag hatten wir eine örtliche Reiseleiterin; ich konzentrierte mich also auf Organisatorisches und hatte auch ein wenig Zeit, über bereits Erlebtes nachzudenken.

Die Wasserfläche des Sees glitzerte im Sonnenschein, ich konnte den Blick nicht abwenden und erinnerte mich an einen Ausflug mit dem Schiff nach LUINO.

Wir alle, meine Gäste und ich, hatten vor Jahren einen „freien Tag" zur Verfügung. Einheimische hatten mir erzählt, dass in Luino seit Jahrzehnten der größte Wochenmarkt stattfinden würde. Ziemlich viele Gäste schlossen sich mir an, als ich von meinen Plänen erzählte.

Die Fahrt mit dem Schiff über den See, der Halt an den verschiedensten Anlegestellen am rechten und linken Seeufer, war traumhaft schön.

Die erste Aufregung gab es beim Anlegen des Schiffes in Luino. Ein Mann versäumte das Aussteigen, weil er just in diesem Augenblick die Toilette aufsuchte. Er musste auf dem Schiff verbleiben und das Gelächter der anderen Gäste ertragen. Oder anders ausgedrückt: er bekam eine Gratisfahrt nach Cannobio, quer über den See und zurück. Im Luino ging jeder seiner Wege. Der Ort schien wirklich nur aus Verkaufsständen zu bestehen. Dabei wurden Kleidung, Haushaltswäsche, Taschen und Schuhe am häufigsten angeboten.

Als wir uns dann zur Rückfahrt wieder trafen, wurde natürlich jeder auf humorvolle Art und Weise gefragt, was er denn gekauft habe.

In meinem Beutel steckte ein Passiergerät, ein Haushaltsgerät, mit welchem ich beispielsweise gekochte Äpfel zu Mus zerkleinere. Wir nennen es zu Hause „Flotte Lotte".

Der Spaß war natürlich groß, dass ich statt eines flotten Fummels (Kleid) eine „Flotte Lotte" (Sieb) erworben hatte.

Erinnerungen an den Ort habe ich keine.

Genug geträumt, die Pflicht „ruft".

Den Vormittag wollten wir in CANNOBIO verbringen. Damit die Gäste am Mittag eine Kleinigkeit aus der Bordküche gereicht bekommen können, frage ich nun nach ihren Wünschen. „Bus-Aal", kriege ich zu hören, oder auch „Grüne Klöße mit Rouladen." Das bin ich gewöhnt.

Aber bei der nächsten Antwort war ich doch geschockt. Ein Ehepaar, ich weiß nicht einmal mehr, ob es die Frau oder der Mann war, der mir Antwort gab, sagte ganz höflich: „Nein danke, wir haben uns heute Morgen etwas aus dem Hotel mitgenommen. Das genügt." Ich stand einfach nur da und suchte nach den richtigen Worten.-Sie hatten das Hotel bestohlen.

Bei jeder Fahrt müssen wir Reiseleiter die Gäste informieren, dass der Veranstalter nicht wünscht, dass Essen aus dem Speisesaal entfernt wird. Für mich ist das immer ein peinlicher Akt.

Obwohl ich gezwungenermaßen etwas zu diesem Verhalten sagen musste, hatten die Gäste auf der ersten Reihe, wo ich es natürlich nicht übersehen konnte, am darauffolgenden Tag gekochte Eier aus dem Hotel vor sich auf einer Serviette liegen (oder auch vier Tage alte, gekochte Eier aus der Heimat?).

Ich ärgerte mich so, dass ich mich beim Spaziergang in Cannobio überhaupt nicht auf die Schönheit des Ortes einlassen konnte. Ich trottete hinterher und war froh, dass unsere örtliche Reiseleiterin das Sagen hatte.

Erst beim Betrachten meiner Fotos kann ich genießen: den Blick von der Uferpromenade über den See (da hatte irgendjemand am Ufer mehrere Trolle gebaut), die farbigen Wohnhäuser, das historische Zentrum, die Wallfahrtskirche, das alte Rathaus…

Am Nachmittag fuhren wir nach Como, stiegen dort auf ein Ausflugsschiff, landeten in Tremezzo und spazierten im terrassenartigen Garten der Villa Carlotta.

Am Tag zuvor waren wir in MAILAND.

Erstmals stand in meinen Unterlagen, dass uns ein örtlicher Fremdenführer begleiten sollte. Ich freute mich sehr.

In Italien erhält der örtliche Fremdenführer die Lizenz, wie es allgemein üblich ist, nur für eine bestimmte Region.

Aus welchen Gründen auch immer, fuhren bis zu diesem Zeitpunkt nur örtliche Reiseleiterinnen mit uns, die uns um Verständnis dafür bitten, dass sie ihre Erklärungen nur im Bus abgeben können, dass sie keine Lizenz für Mailand hätten, aber mit uns zur Kathedrale und zur Scala laufen würden.

Bei anderen Reiseveranstaltern sparte man auch diese Begleitung ein und ließ uns deutsche Reiseleiter allein nach Mailand fahren.

Den Weg zum Schloss, sozusagen zum Zentrum, fanden wir problemlos. Einen Parkplatz für den Bus dort zu erhalten, war schon schwerer. Aber noch schwieriger war es, eine Toilette für die Reisenden zu finden.

Vieles hat sich seit der „Expo Milano 2015" verändert. Auch für dieses menschliche Problem gibt es jetzt eine saubere Lösung.

Regelmäßig warnen wir Reiseleiter unsere Gäste vor Diebstählen, besonders in Großstädten und während Massenveranstaltungen.

Ein besonders fieses Erlebnis hatte ich auf dem Weg vom Castello zur Kathedrale. Wie immer lief ich am Ende der Gruppe. Vor mir ging ein altes Ehepaar, das mir völlig überfordert schien. Beim Überqueren der Straße waren sie damit beschäftigt, sich gegenseitig zu helfen. Deshalb trugen sie die kleine Tragetasche auch gemeinsam, jeder an einem Henkel.

Ich beobachtete von hinten, wie sich eine Frau mit einem Baby auf dem Arm näherte und war sofort alarmiert. Für mich schien die Absicht der Frau klar zu sein. Meine beiden Alten waren so mit sich beschäftigt, dass sie von alldem nichts merkten. Im letzten Augenblick konnte ich dazwischen gehen und den Diebstahl verhindern. Es war noch einmal gut gegangen.

Diese kleine Episode erhärtet noch einmal meine Aussage, dass Reiseleiter eben für „alles" verantwortlich sind.

„Unser" Stadtführer war fachlich brillant und menschlich charmant, die Gäste begeistert.

Seine Ausführungen am Castello Sforzesco, wir sagen immer der Kürze halber „Burg", bezogen sich im Wesentlichen auf die Familiengeschichte der Visconti und Sforza, die er aber „zur Auflockerung" mit kleinen Episoden würzte.

Der Weg führte auch mit ihm ins Zentrum, durch die Galleria Vittorio Emanuele II., die 1867 als größte und wohl am kostbarsten ausgestattete Kaufhalle Italiens eröffnet wurde. Viele der bedeutendsten Modehäuser bieten ihre Waren an und bestätigen damit, dass Mailand ein Zentrum der Mode und des Designs war und ist.

Durch die fast 200 Meter lange, überdachte Stahl- und Glaskonstruktion liefen wir zum Teatro alla Scala. Das Opernhaus lässt von außen nur vermuten, dass dieses schlichte, neoklassizistische Gebäude eines der bedeutendsten und größten Häuser dieser Art ist, dass hier über 2 000 Besucher verweilen können.

Unser geführter Stadtspaziergang endete an der Kathedrale.

Wie froh war ich, dass meine Gäste die Ausführungen des Stadtführers von sich aus mit einem Trinkgeld honorieren. Erst kam einer der Gäste, um sich zu bedanken, dann zögerlich ein zweiter. Nun begannen viele, in ihren Portemonnaies zu kramen. Selbstverständlich ist das bei meinen Gästen nicht.

Obwohl ich schon im Voraus gedanklich meinen Weg festlege, den ich in der Freizeit gehe, wollte ich noch einmal zur Galerie zurück.

Im Zentrum dieser, unter der 47 Meter hohen Kuppel, auf dem Fußboden, befindet sich ein Fußbodenmosaik mit den Stadtwappen von Mailand, Florenz, Turin und Rom.

Cafés und Modehäuser wechselten sich ab. Alles war sehr elegant und reich verziert, sogar Stuck und Fresken befanden sich innerhalb der Kuppel, eben ein Gebäude des Jugendstils.

Und dann war da noch ein MC Donald. Der Stadtführer hatte von möglichem Stilbruch gesprochen.

Ich war in Messina und in Neapel in ebensolchen Galerien gewesen, aber ich konnte mich nicht erinnern, einen MC Donald gesehen zu haben.

Auf alle Fälle wird mit diesem Schritt in Mailand die Anziehungskraft für die Galerie größer, denn in den Läden der Galleria waren kaum Käufer zu sehen.

Angeregt durch einen sogenannten „Stolperstein", den ich beim Verlassen der Galleria sah, beschloss ich, mir die Synagoge anzusehen. Ich verzichtete auf einen Restaurantbesuch und suchte mir den Weg zur Via della Guastalla.

Dabei ging mir durch den Kopf, dass ich wirklich nur durch Zufall einen der mehr als 30 Stolpersteine in Mailand gesehen hatte, einen der mehr als 55 000 in Europa.

Der Kölner Künstler Gunter Demnig hat 1992 begonnen, kleine Gedenktafeln in den Straßenboden zu verlegen. Alle diese Tafeln sollen an Menschen erinnern, die Opfer des Nationalsozialismus geworden waren.

Auf meinem Weg zur Synagoge fiel mir auf, dass heute besonders viel Polizei und Armee unterwegs war, zu Fuß, mit dem Rad, zu Pferde, und die Jeeps der Operazione Strade Sicure (Safe Streets) blockierten die Straßen. Die Männer trugen Maschinenpistolen, Kampfanzüge und Sicherheitswesten.

Als ich vor der Synagoge stand, war diese geschlossen, und man sah es auch nicht gern, dass ich fotografierte. Aber die Fassade, die bei dem Bombardement 1943 erhalten geblieben war, beeindruckte mich. Deshalb schlich ich mich durch eine Parkanlage, um durch einen Zaun zu fotografieren.

Nunmehr zufrieden, suchte ich mir ein kleines Café.
Aber ich wollte draußen sitzen, mitten im Universitätsviertel, auf der Via F. Sforza. Auf der anderen Straßenseite entdeckte ich durch Zufall den alten Eingang zur Aula der Theologischen Universität. Über einer dunkelbraunen Holztür erkenne ich ein bezauberndes Bild zweier Engel. Schutzengel?
Voller Entdeckerfreude ging ich weiter.
Von weitem sah ich den Torre Valesca.

Ich war fasziniert von diesem Wohnturm, der alles überragte und einmal nicht aus Glas gebaut wurde. Je näher ich dem Haus kam, desto komplizierter schien es mir, dieses zwischen den anderen Bauten zu finden. Endlich! Der Platz für den Riesen war beengt. Beim Näherkommen sah ich zwischen den Häuserzeilen jeweils nur den oberen Teil des T-förmigen Gebäudes. Dann stand ich vor dunklem, rostfarbenen Beton.

Der Versuch, in das Haus zu kommen, scheiterte. Hinter dem Eingang mit der Drehtür stand ein Höchstoffizieller. Als ich später zur Kathedrale zurück ging, blieb ich mehrfach stehen, um die ständig notwendigen Restaurierungsarbeiten am Dom zu betrachten. Auf einer Hebebühne standen zwei Arbeiter ziemlich weit oben, und ich erinnerte mich daran, wie ich mich damals fühlte, als ich mich auf der Plattform des Domes befand.

Die Stadt lag zwar unter mir, aber meine Knie zitterten so, dass ich keinen Genuss beim Betrachten der unter mir liegenden Metropole empfand. Mein ganzes Trachten war damals darauf gerichtet, möglichst schnell wieder nach unten zu kommen.

Auch heute gab es Interessenten für die Dombesteigung, sie aber mussten sich einer mehrfachen Sicherheitskontrolle unterziehen. An dieser Tür ging ich gern vorbei.

Verwundert blieb ich nach wenigen Schritten stehen, die ich an der Seite des Domes entlang lief. Eine Videowand war angebracht worden, um vermutlich die sich dahinter befindlichen Bauarbeiten zu verdecken. Videobilder an der Kathedrale? Und es waren keine biblischen Geschichten, die gezeigt wurden.

Es gibt noch so viel zu entdecken, aber wie immer reicht meine Zeit nicht.

Mailand, ich komme wieder!

Im Handel bisher erhältlich:

- Auf den Strassen nach Süden
  Ein anderes Reisetagebuch Teil1
  BoD-Nr.: 1398236
  ISBN: 9783732290505
  E-Book ISBN: 9783749400867

- In skandinavischen Betten
  Ein anderes Reisetagebuch Teil2
  BoD-Nr.: 1312724
  ISBN: 9783746079387
  E-Book ISBN: 9783746054490

In
SKANDINAVISCHEN
BETTEN

EIN ANDERES REISETAGEBUCH
TEIL 2

Anita Lehmann

- Sirtaki tanzt man nicht allein
  Ein anderes Reisetagebuch Teil3
  BoD-Nr.: 1366113
  ISBN: 9783748184324
  E-Book ISBN: 9783748155133

SIRTAKI

TANZT MAN NICHT ALLEIN

EIN ANDERES REISETAGEBUCH
TEIL 3

Anita Lehmann

In Vorbereitung:

- „Ein anderes Reisetagebuch Teil 5
  Arbeitstitel „Traum vom Wasser"

Dem Traum vom Wasser galt schon immer das Interesse der Autorin. Dabei spielt es keine Rolle, ob es große oder kleine Orte waren, die sie bei ihren Besuchen rastlos durchstreifte.